岡潔の教育論

岡潔＋森本弘　中沢新一［編］

目次

はじめに

中沢新一

『岡潔の教育論』は、岡潔の教育に関するエッセイ（「教育はどうすればよいのだろう1～3」）と、岡潔と森本弘が五十年ほど前に、阿吽の呼吸で繰り広げた教育をめぐる問答の記録を、一冊にまとめたものです。本書成立のきっかけは小さな偶然によるものでした。数年前岡潔についての講演を頼まれて和歌山県橋本市を訪れた際、森本弘の義理の娘さんである森本和子さんから、こんなものが遺されているのですがといってみせていただいたのが、岡潔と森本によるその問答の記録でした。妙に揃った几帳面な文字で、何度も書き直し、清書されたであろうその原稿には不思議な熱がこもっていました。その内容を一読して、これはとても貴重な価値をもつもので、このまま埋もれさせてはならない、と私は思いました。

森本弘さんは、地元和歌山で小学校の先生をされていた方です。教育の現場で成長していく子供のこころを長きにわたって見つめ続けていた人です。その中で、子供のこころと実直に向き合えば向き合うほど、日本人のこころはこれからどうあるべきなのか、自分は教育者として、それをどう果たせばよいのかという思いが強くなっていったことでしょう。それは戦後教育の課題そのものでもありました。

敗戦後の日本は民主主義国家となり、自由と平等を掲げた教育がはじまりました。激しい変化を体験して、どの教師も迷いを抱えていました。彼らの大半は戦前の日本の教育を受けて育っています。新しい教育の中では、昔からの「日本のこころ」のあり方は否定的に扱われていましたが、それに変わる価値や思想は、まだ育っていませんでした。

国の体制や教育の形が変わっても、変わらない「日本のこころ」というものがあるのか。そこには目には見えないけれど、私たちを生かすなにかとても大切なものが潜んでいたようだが、それを次の世代、若い皆さんへどう伝えていけばいいのか。その切実な想いが、当時自分たちの身近に住んでいて、日本人のこころのあり方を必死に説いていた高名な数学者に、向かっていったのです。森本さんは岡潔に必死の思いで、自分たち教師は子どもたちに「日本のこころ」の何を伝えていけばよいのか、と問うたことでしょう。その熱意に打たれた岡潔は胸襟を開いて、両者の対話がはじまりました。その対話の過程でわかってきたことを森本さんが記録し、まとめられたものを今度は訂正したり、詳細に膨らませたりしながら、この原稿はできあがっていきました。そのときの熱気が、いまでも伝わってくるようです。

本書に収められた両名の文章は、一九六〇～一九七〇年代に書かれたものです。日本が敗戦の傷から立ち直り、高度経済成長へと向かっていくその中で、「日本のこころ」も大きな変化を遂げてきました。合理主義と効率が重視され、そうでないものはだんだんと隅においやられるようになっていきました。しかし、人間のこころはそれだけではない。表面は変化したかにみえてもこころの奥に変わらないものがある、「日本のこころ」はそこに深く根ざしているはずである。岡潔の教育や日本人の思想風潮への警鐘はそのような確信からきています。

岡潔は世界的な数学者で、その当時の日本でもよく知られる人物でした。しかし、彼自身の人生は順風満帆というわけではありません。若き日からおたがいを切磋琢磨してきた無二の親友を留学中のパリで失い、帰国後は精神衰弱におちいり、大学の職を失って何年ものあいだ世間から隔絶した暮らしをしたこともありました。友人たちの助けでようやく奈良女子大学に職を得たのは、敗戦を経て四十八歳になった頃のことでした。しかし、どんな困難に出会っていても、岡潔は少しも自分を不幸とは思いませんでした。それは、いつでも彼が全身全霊をこめて純粋一途に追求できる数学の世界があったからです。

岡潔は「数学とは、自らの情緒を外に表現することによって作り出す学問芸術の一つである」と考えていました。情緒の表れは数学に限りません。俳句や和歌でも、音楽や絵画にも情緒は宿ります。野に咲く一輪のスミレに、ああキレイだな、と思うこころが情緒だと、岡潔は言っています。日本の自然豊かな風土が日本人のこころをはぐくみ、その「情緒」が自分と数学のこころを通わせたのです。数学は一見、冷たい論理や数式によって表されているように見えるかもしれませんが、じつはその背後に、目に見えない情緒の世界が動いている、それが彼の確信でした。

岡潔は人間には「第一の心」と「第二の心」があると考えていました。論理や数式の世界は「第一の心」にあたります。理性や論理を働かせ、世界中の数学者の誰にでもわかるように論文を書いて成果をあげることができます。それによって社会の中で職を得て、豊かで安定した生活を送ることができます。この「第一の心」を教育で身につけることは、大切なことです。理性や自制心を身につけることによって、人間としての社会生活を送る能力を得る。それを子供達に身につけさせることが、教育のひとつの使命と、岡潔も考えていました。

一方で、私たちのなかには、「第二の心」も保存されています。この「第二の心」というのが「情緒」というものに深いつながりを持つ、もう一つの心の働きです。これは合理的な論理を超えて、心の奥のほうで行われている心の活動です。ものごとの全体的なつながりを直感的にとらえながら、たんなる論理を超えてこの世界の真実をつかむことを可能にする心の働きです。日本文化の中で、この「第二の心」はとても大きな働きをしてきました。ところが現代生活においては、「第二の心」が「第一の心」にひどく抑圧されていると、岡潔は考えました。

「第一の心」と「第二の心」を協働して存分にはたらかせること。そこから人と人とをつなぐよりよい社会がつくられていくはずだというのが、岡潔の基本的な考えでした。そのためにも日本人のこころに、情緒をよみがえらせていかなければならないのです。現代の私たちからみると、いささか素朴でロマンチックな考えのように見えるかもしれません。岡潔と森本弘がそういうことを考えていた頃に比べても、いまはものごとが複雑に絡まりあい、情緒も世界の全体像もみえなくなっているように思えるからです。しかしだからこそ、岡潔のまっすぐな確信と森本弘の渾身の挑戦は、私たちに大きな勇気と示唆を与えてくれます。現代の世界がどんなに混迷を深め、純粋なこころの働きが見えにくくなっているとはいえ、人間の本質は変わっていないからです。

橋本市で起こったひとつの原稿との出会いをきっかけに、「日本のこころとは何か」を考えようという本書は生まれました。岡潔と数学が出会って現代数学に新しい世界が開かれたように、森本弘と岡潔が出会って新しい教育の理念がつくられたように、この本が多くの人のこころに届いて、そこから新しいものの考え方や感じ方や未来への指針が生まれてくることを、私たちは願ってやみません。

＊岡潔の教育に関するエッセイを本書へ転載する際、こころよく許可してくださった岡熙哉さんに心より感謝いたします。また、本書ができあがるまでの過程のなかで、岡潔とゆかりのある和歌山県の方々には、さまざま特別な配慮をいただきました。その関係者の皆様へ、ここで深い感謝の気持ちをお伝えします。森本弘さんのご子息である森本之弘さんとその奥様であられる森本和子さん、和歌山県前知事の仁坂吉伸さん、和歌山県教育委員会教育長の宮﨑泉さんと教育委員会総務課長の藁科智将さん、そして和歌山県立博物館の山東良朗さんに、心からのお礼を申し上げます。岡潔についての精緻な解説を寄せてくれた唐澤太輔さん、そして野沢なつみさん、後藤亨真さん、園部雅一さんらの協力なくしてこの本は実現しませんでした。あわせて感謝申し上げます。

第一章　小学校以前

――教育はどうすればよいのだろう1

岡潔

あまりにも知らなさすぎる

大自然は人の子を生むだけではありません。

これを育てます。

これがほんとうの教育です。人はその手助けをします。

これを人は教育といっていますが、ほんとうは教育の手助けなのです。けれども習慣に従って

これを教育ということにします。

その教育というと、もちろん人のする手助けの部分ですが、それをどんなふうにやればよいかと自問してみますと、どうしてよいかすこしもわからないのが現状であるということに、だれでも気づくでしょう。

あまりにも知らなさすぎる。

教育の自然像の素描

ちゃんと教育するためには、そのまえに準備として、じゅうぶん大自然のやり方による育て方を研究しなければいけない。

しかし、人の教育は一日も捨ててはおけない。少なくとも現状では、しばらく待ってほしい、といっても待ってくれない。

だから、この現在の知識の範囲内で、できるだけよい教育を考えて、そしてそれを実施しなけ

ればならない。

いわば、教育の自然像の素描を大急ぎで描き上げることが要求されている。

これが現状です。

で、こういう状態において、わたしは、去年一度、教育の自然像の素描をしました。それは「春宵十話」に書いてありますからお読みになってください。

しかしそれから一年、わずか一年間ですが、なにしろ大急ぎの素描ですから、もうすこし正確な像を（もちろん教育の自然像を）書いてみたい気持ちになってきています。

第二次素描

それをこれからやってみようと思うのです。

この日本には四季がありますから、何月生まれの数え年いくつといわなければ不正確だと思いますし、教育を始めてからあとは四月に入学ときまっているのですから、なおさら数え年でないと意味がないと思います。

それで、いくつといえば、すべて数え年のいくつという意味である、と思ってください。いちいち数え年とつけるのはわずらわしいのでつけませんから、四月に生まれたと思ってください。

なぜ四月にしたかというと、わたしは四月十九日に生まれたのです。そして自分については内面的にわかっていますが、他人については内面的にはそれほどよくわからないので、最初は自分を尺度にとらなければならないところがいろいろあるからです。

生後八か月

生まれて四十日たつと目が見え始めます。このときは「見える目」一色《ひといろ》です。

しかし六十日になりますと、もはや、目を二色《ふたいろ》に使いわけます。「見える目」と「見る目」です。

母親の顔を見るときは、「見える目」で見ます。他人の顔を見るときは、「見る目」で見ます。

この「見る目」の主《ぬし》が無明《むみょう》といわれている本能なのです。

学校へ行くまでの子ども、ましてごく小さな子どもは、驚くべき速さでいろいろなものやことを学び取りますが、どうしてそういうことができるかというと、「見える目」でものを見て「見る目」を使わないからです。

つまり、窓はいつもあけ放されているから、はいるべきものはどんどんはいるというふうになるのです。

「見る目」というほうは窓をとざしているのです。だからなにもはいらないのです。

これは教育の根本です。

生まれて八か月ぐらいたつと、それまでは部分的だったのが全身的な運動をするようになります。

まだ立つことはできませんが、たとえば、手と足とを同時に振って喜んだり、顔ももちろん喜んでいます。

そういうことができるようになります。

それまでは、肉体の蠢動《しゅんどう》のような感じです。全身的な運動、つまり、意志が働いているという気はしません。

これと同じころ、ものの数《すう》がわかるように見受けられます。

そこをすこし詳しく申しましょう。

奈良女子大の数学科は、以前、大学の他の校舎とはすこし離れた地域にあったのです。八号館といわれていたのですが、二階建で全部数学で使っていました。

職員のへやは二階にありました。しかし、そのとき、階下の玄関番のへやを井上さんという方が借りて住んでおられました。

ご夫妻と、お子さんがふたりありました。

ふたりとも坊ちゃんで、下のほうの坊ちゃんが生まれてちょうど八か月ぐらいでした。

おかあさんにだかれていたのですが、わたしはよくそれを見ました。

始業は鈴《りん》を鳴らして知らせることになっています。大きな鈴です。

で、おかあさんにだかれているその赤ちゃんに、鈴を振って見せました。そうすると、一つ振ったときの目の色なのですが、記録しておかなかったのでやや不正確かもしれませんが、そのころの人に実験して、見てください。一つ振ると、はっと気づくような目をするのです。

もちろんこちらを向く。目の色は、はっと気づくという目の色です。で、もう一つ振る。リーンとやるのです。はじめのがかなり響いています。それが鳴り終わるのを待って、ちょっと間をおいてつぎのリーンをやるのです。そうすると、こんどはなにか遠いところを見るような目をする。またしばらく間をおいて三度めを振る。

この三度めを振って聞かせたらたいへんなのです。あと、いくらでも振って聞かせろというのです。

一度め・二度め・三度めがこんなにもちがっている。

その目の色ですが、とくに二度めの目の色ですが、これはだいぶん時がたって忘れているのですけれども、なにか遠いところを見るような目をしたのです。

一度めは鈴の音に気づく。これは知覚が働くのだと思うのです。それで、こっちを向くのです。べつに目の色は変わらない。ふつうだったと思います。おもしろかったから、何度も何度もそれを実験したのです。

二度めは認識が働くのだと思うのです。

一度振ってからちょっと間をおいて振るのです。すると、

「これは聞いたような音だぞ。」

と思うらしい。それで、なにか遠いところというより遠い昔を見るような目をする。

で、三度めですが、この三度めをやると、もうこれは何度でも振ってみせろといいます。逃げ出すよりしようがない。

これは意欲が働くのです。

知覚・認識、これらはみんな大脳側頭葉の働きです。この意欲だけが前頭葉の働きです。

こんなふうなのです。

このころ、数《すう》というものがわかっているということが外に現われるといいましたが、正確にいえば順序数です。順序数がわかるらしい。

生後十六か月前後

わたしに孫がふたりあります。長女の子で、この奈良市から時間で二時間半のところにいますが、ときどき行って、親たちの教育がまちがっていないか、大自然の教育が順調に行っているかどうか、そんなふうなことを見るのです。

下のほうの子が、十六か月ぐらいのときに行ってみた。そうすると、ちょうど自然数の一を練習しているところだったのです。

わたしは、順序数と自然数とは同じようなものだろうくらいに思っていたのですが、そうではないのです。

順序数がだいたいわかってから、自然数の一がわかる。これは自然数の最初です。その一がわかるまでに八か月もかかるという事実をはじめて知りました。

まったく、大自然はよく見なければわからないものだと思って驚いたのです。

自然数の一を練習していると申しました。

それはどういうことかといいますと、菓子なら菓子を手で持つときは、かならず一つ持つのです。もう一つの菓子をやろうとすると、まえに持っていたのを捨てて新しいのをつかむ。

それから、口に焼き豚を入れてだいぶかんでおりました。そのときソーセージをやると、焼き豚をぷっと吐き出して、そうしてソーセージを口に入れる。

こんなふうに、なにごとによらず、一時《じ》に一つしかしないのです。

それと同時に、こういうことをやっているのです。

十六か月よりだいぶ以前から、テレビの「お手々をぶらぶら、ぶらぶら、ぶらぶら、ぶらぶら」というのに異常な興味をもっていて、あれが始まるとすぐはっていって、おっちんしてそれをじっと見ている、というふうだったらしい。

この子は、だいたい十五か月ぐらいで立ったらしい。

立つよりもまえから、この番組は見ていたらしい。

ところが、こんど行ってみると、はじめはなかなかつかなかったのですが、しばらくたつと、しきりになにかやってみせるのです。

よく見ていますと、それは美容体操のまねなのです。おっちんして、足を投げ出して、からだをまえに曲げてみたり、手を上にあげてみたり……。

なにかしきりに、いろいろとそういうことをやって見せる。

だから、この自然数の一がわかると申しましたが、一を身につけてしまう、つまり体得するためには、たぶん、種々雑多の全身運動をやらなければいけないのだろう。それから、どんなときにでも、一時に一つということを忘れてはいけないのだろう。

こう思いました。

それから一か月ほどたってからでしょうか。また行ったのですが、まだ一の練習をしています。

わたしはそのことを朝日新聞の「わが家の茶の間」に書いたのです。

孫たちは、堺市の労災病院の付属住宅にいるので、付近はみなお医者さんなのですが、その記事に興味をもってくれたと見えて、

「うちの子どもはいま十九か月だが、やはり、ぷっと吐き出してからでないと、ほかのものを口に入れない。

しかし、手では二つ同時に持つらしい。いまちょうどそんなふうらしい。これはやはり、根本では、まだ一をやっているのかなあ。」

という立ち話を、わたしの娘のむこに家の外でしているのを聞きました。

一をほんとうに身につけてしまうということは、ひじょうにむずかしいことらしい。

この下の孫ですが、名前でいいましょう。洋一というのです。そうでないと感じが出ない。こ

の洋一は、ひじょうにきげんのよい子です。笑っていることが多いのです。

いつもたいてい笑っているのですが、親戚にうまい形容をするおばがいて、そのおばが洋一の笑うのを見て、

「ほたほた笑う。」

と、こういいます。

ところがこんど、つまり十六か月たったときですが、行って見るとにこにこ笑うようになっている。

「はーあ、あのほたほたが、このにこにこに変わるには、自然数の一がわからなきゃいけないのだな。自然数の一がわかると、ほたほたがにこにこに変わるのだな。」

と思いました。つまり自分というものがわかるのでしょう。

この辺に大脳前頭葉のオリジン、真のオリジンがある、そう思ったのです。

もちろん、オリジンといっても、きっかけは六十日めにすでに「見る目で見る。」に始まるのであって、それから八か月ぐらいたったころ、三度鈴を振ってみせるとあと何度でも振れといって承知しない、逃げていくより仕方がないというところにだいぶ出ているのですが、それが大脳前頭葉の大脳前頭葉たる所以《ゆえん》の働き。

つまり、全体を引き締めるという働きをし始めるのは、この自然数の一が出始めるころ、十六か月めぐらいである。こう思ったのです。

ふつう、日本がいま使っていることばは西洋文化のことばですが、そのことばで、人は理性というものをもたなければいけない、また、理性があるということが犬やねことちがっている点である、といっているように思えます。

この十六か月ぐらいまでの大自然の育児法をよく見ていると、その理性がどんなふうにして出て、どんなふうに育てられていくものか、じゅうぶん教えられるような気がするのです。

前に、無生法忍を無意識的に身につけるには八か月かかるといいましたが、これは十六か月と訂正しなければなりません。

生後三十二か月まで

生後十六か月についで、ひじょうに注目すべき時期にはいります。それは、三十二か月の後半の十六か月です。このころのありさまは、人ひとりひとりすっかりちがうと思います。その子がおとなになってなにをやるにしても、この後半の十六か月間に用意した――それは繰り返し繰り返しやることによって用意するのですが――ところを使ってでないとできない。つまり、その十六か月に用意したもの以外は、ほんとうには使えない。そういう十六か月だと思います。

ところが、自分のそこのところは、自分の記憶を逆にたどってみても見ることができません。ややこんなものだろうかとは思いますが、外から全体を見るなどということはとうていできない。

だから、わたしはおかあさんがたにおすすめして、この時期の育児日記をつけておいてやってほしいと思うのです。

日記を書く期間は、二十か月間か、もうすこし余計になるでしょうか。「一」がちゃんとできたときから、あとに述べる「第一次百八十度連想期」（四つ）までを書いてもらえばじゅうぶんなのです。

自分がどう育てたとかどう大きくなったとか、そんなことではなく、純粋童心が繰り返しによってどういう型を用意したか。

それをできるだけよく見て書きつける。なにもおとなのことばになおすことはいらないのです。

特徴と思われるものを、書きしるしておいてやってほしいと思います。

二つ大事なことがあります。そのころ用意したものがわかると、第一に、人の子を大自然が教育するのをどう手助けすればよいかということが、ひじょうによくわかります。

第二は、その人が自分の志望をきめるさい、あるいは志望をきめたあと、どういうやり方でそれをやるかという方法を選ぶさい、ひじょうに参考になるのです。

一例をあげますと、わたしの孫たちの母親のすがねが、だいたい二十歳前後のころ、寝言をいったのを、わたし、「録音」しました。

これは戦争直後のころだったのですが、

「くつありますし、雨ぐつありますし、ゴムぐつありますし。くつありますし、雨ぐつありますし、ゴムぐつありますし。くつありますし、雨ぐつありますし。」

それだけです。そこで切れております。

これを見てみますと、ちょうどその童心のころ、つまりわたしがいっている十六か月のころのすがねの、もののいいぶりそっくりです。また、そのころのままごと遊びそっくりです。だから、それをはずしてはなにもできず、そのことばぐせ以外のことばでは話せないものらしい。

ジイドが「贋金つくりの日記」の中で、こういうことをいっています。

「自分は会話を書くときに、そのいいぐせというものにひじょうに気をつけて、それを正確に書くという方法を考えついてそれを実行した。こんにちになってみて、そのやり方がまちがいでなかったということがわかった。」

そして、なにかいいぐせの「録音」の実例があります。つまり、「贋金つくり」という作品のおいたちの記です。

「贋金つくりの日記」です。

しかし、単にことばだけの問題ではありません。すがねの寝言の構成は、その時期の遊びどおりです。

そのとき、なにかふろしきにでも、いろんなくつを包んでいて、そしてそれをひろげたら、いろんなくつが出てきて、まことに豊かである。

これは終戦直後だったのですから、そういう情景においてこういうのだったら、内容はそういうことになるでしょう。

一例をあげると、こういうふうなのです。

もっとも、これは男・女性でもひどくちがっているのです。ここをよくみると、男・女性をごちゃごちゃにした教育などというものは、いかに天理にもとるものであるかわかってもらえると思います。

つぎに、ざっとあげてみます。

十六か月でいちばん目につくことは、繰り返し遊びの遊び方が、男・女性ではっきりちがっていることです。

これはもうむかしからだれも知っていることで、女の子はお人形が好き、ままごと遊びが好き、じっとすわって空想の世界にひたる。

こういう遊び方をします。

すがねの寝言がそうなのです。

男の子は、汽車・自動車などの車のおもちゃが好きだし、棒きれやおもちゃの刀を振りまわして遊ぶのが好きです。じっとしているより、外に出て走ったりするのが好きです。

ともかく、一口にいって女の子はすわって情緒の世界にひたるのが好き、男の子は運動が好きなのではないか。そう思います。

なによりも、教育者は、男・女性がここでこのように截然《せつぜん》と分かれていること、ならびに、そのおのおのの特性、それをよく学び取っていただきたいと思うのです。

個人的な特徴といっても、普遍的な男・女性の別の中にあるのであって、もちろん、ときに例外はありますが、たいていは、この普遍性を知ってのちでないと個性というものはわかりません。ほんとうの意味の個性はここでできてしまうのであって、それを、おとなになって、他の個性があるといわれる方があるかもしれませんが、これはまったく別のものです。

それについては、あとでいいます。

ともかく、ここでつくった個性と、それからおとなになってからの個性と食いちがうようでは、うまく行っているとはいえない。

そうわたしは確信をもって予想しているのです。

小学校にはいるまで

子どもが純粋に童心の世界にいるあいだ、つまり三つまでは、これは、親はどうすることもできないのです。

そして四つになると自然がわかり始めます。詳しくいうと、時間・空間がわかり始めるのです。それは自分の記憶を逆にさぐってみるとわかります。

そうすると、この年のところでは、二つのできごと、記憶の前後関係がわかるし、一つの記憶においては情景が立体的に思い出せる。だから、時間・空間がここではもうわかっているわけです。

　それから三つにさかのぼると、それができません。できるように思うものも、よく調べてみると、それは、あとで聞いたことを覚えているにすぎないのです。

　記憶を逆にたどって四つを越え、純粋童心の時代といっているところにはいると、まるで音楽の世界へ行ったような気がします。

　そこで、子どものおいたつ順にいうならば、数え年三つの終わりまでで、純粋童心の時代は終わります。やく三十二か月ということになるのです。

　ところで、四つの中ごろまでに、おそくて中ごろですが、この時期は長く続くので、始まりは、四つの始めころまでさかのぼるのではないかと思いますが、ともかく四つの中ごろまでに、わたしが「第一次百八十度連想の時期」と呼んでいるものが始まります。

　上の孫――これは、きのみというのですが、この子が、ちょうど四つの中ごろに当たるころの「録音」があるのです。これが「第一次百八十度連想の時期」なのですが、こんなふうでした。

さあたっちしましょう
たっちしないもの
こっちへいらっしゃい
いかないもの

きのみちゃんいい子ね
まんみ（きのみのこと）いいことちがうあっぽ
（「これは、第一反抗期や。」と、おとなどうしがいっていると）
だいいちはんこうきちがう
それじゃなに
まんみおじょうちゃん

と、こんなふうです。

ですから、それがはっきり認識できます。
気がつきます。

なぜ「百八十度連想期」といって、第一次反抗期といわないかというと、反抗という字がいやだからです。

なにも反抗しているのではない。百八十度連想をやるだけです。それまでは零度連想だったにちがいない。

そして、四つになると、さきにもいったように自然がわかり始めます。古人はこういうことをいっています。

「真如一転して世界となり、再転して衆生となる。」

これは仏教のことばですが、真如というと大自然の本体です。世界とは自然界ですが、動物をもふくめての自然界です。衆生というのは社会です。

真如が自然となり、社会となる。

こう変わっていくごとに、だんだん片寄って、本来の真如の面目はしだいに失われていく。

こういう見方なのです。

これに合わせていうと、三つまでの純粋童心の世界が真如に相当するものです。

真如そのものではありませんが、たとえていえば真如に相当するものです。すでにだいぶ混じりがあります。しかし、これは人の進化の現状ではやむをえないことなのです。

四つになると自然がわかり始めます。

だから、純粋童心、これは人の中核であり、だいたい情緒の世界ですが、これを自然という膜でおおうのです。これは被膜です。そうすることによって、人の中核である情緒の世界を保護するのです。

五つになると自他の別がわかります。

自他の別は、生まれて六十日にしてすでにつくではないか、母親と他人との区別は自他の別だろう、といわれるかもしれません。

それはそうなのですけれども、ここでいう自他の別とは、全面的にそうなるのです。

それはどういうことか、具体的にいってみましょう。

たとえば、敬語の御《おん》という字をつけさせてみる。

また、動詞の敬語を使わせてみる。

「わたしのおことば」といわず、「あなたのおことば」ということができ、「ふすまがおこけなさった。」といわないで、「ふすまがこけた。」と、正しくいうことができるようになれば、これは自他の別がついたのです。

だから自他の別といっても、生物と無生物との別もはいります。

こういうことが、直観的にわかるのは無明本能のせいです。

と同時に、自分をさきにし人をあとにする、という気持ちも働いているのです。

この、自他の別が全面的に押し出してくるのが、数えて五つです。

こうなればもう社会です。

情緒の世界という人の中核を、四つの自然という被膜でおおい、五つの社会という被膜でおおうのです。

だいたいこうして、人のほんとうの中核を二重の被膜でおおって傷つかないようにして、それこそほんとうの人の世の中に出ていく。

大自然はこんなふうにさせているらしい。

こうして、六つになるとどうか。

六つになると、寄って遊ぶようになります。だから、ほんとうの社会はここから始まるのです。

子どもは子どもどうしで集団的に遊ぶことが、どうしてもしたくなります。

それから、第一次知的興味が動き始めるのです。

この年ごろの子どもは、こんな質問をします。親に出し抜けに聞くのです。

「どうしてここに坂があるの。」

親は答えに苦しむのがつねです。しかし、母親なんかがよくするであろうと思われる、

「なんてばかなことをいうのだろう、この子は。」

というふうにやってしまっては、せっかく出かかった第一次知的興味の芽が踏みにじられてしまうことになります。

芽を踏みにじってしまうと、すぐつぎの芽が出てくるとは、なかなかいえません。出てきても、はじめの芽ほど健全なものであるということは、なかなかいえないらしい。

この点、植物に似ているのです。

親たちは、ここをよく注意してほしい。この芽を踏みにじってしまってから小学校に入れたのでは、先生が教え方に困ることになります。

七つになるとどうなるかということがいいたいのですが、わたしは四月生まれであるにもかかわらず戸籍では三月生まれになっているので、もちろんうそをいったのですが、七つから学校にはいったためわからないのです。

つまり、小学校にはいるともはや人為がはいりますから、もし放置すればどんなふうになった

かその自然は見る由もありません。
これは、観察してみていただきたいと思います。

親の躾《しつけ》

以上が、小学校にはいるまでのありさまですが、これについて、いろいろいいたいと思います。十四年まえ、この奈良女子大に勤め始めたころ、男・女性がずいぶんちがっているということに気づいて、どう教えればよいかについてよく研究しました。十年ぐらいまえになるでしょうか。それと同時に、子どものおいたちが、人の子の内面的なおいたちが、ひじょうにおもしろいものだということがわかってきたのです。

それで、そのころ数年、小さな子どもをよく観察しました。

乳母車《うばぐるま》に乗った四つの女の子が、「嫣然《えんぜん》と笑う」のに驚いたのもそのころです。

また、六つぐらいのときは、男・女性をあまり問わずに寄って遊ぶようですが、六つの女の子が、はっきりうそ泣きをして見せるのを見て、六歳にして女性はすでに俳優的天才を表わすのか、と感心したのもそのころです。

まえにも一度いったように、人は、男・女性に関するさまざまなことを、さまざまな経験によって知るのではなく、情緒的に、すでに知りつくしていることを、単に経験によって、具体的に知るだけのことなのです。

教育者は、こういうことをじゅうぶんよく見て、しかるのち共学教育をするならするでやっていただきたい。

三つまでは、大自然にまかせきりにして、それを傍観しているより仕方がないのですが、四つからは、すこし大自然の教育に助力し始めたほうがよいと思うのです。それができるから、したほうがよいと思うのです。

助力はどのようにしてするか。

時実利彦《ときざねとしひこ》さんの「脳の話」というのが岩波新書で出ていますが、それによると大脳というのは脳幹部もはいるのです。

大脳の表面は、だいたい専門にこまかく分けられてしまっている。しかし、大脳の働きのうちで、総合的な働きが大事である。それで、共通の広場がなくては困る。

こういう見方から、共通の広場が重要になってくるのです。これは、大脳前頭葉と、大脳側頭葉との二つになります。二つといっても、側頭葉は左右に分かれていますが、だいたい同じことをつかさどり、また連絡もついています。

この前頭葉と側頭葉とはどういう総合的な働きをしているかというと、側頭葉は記憶・判断をつかさどり、前頭葉は側頭葉に命令すること、および感情・意欲・創造をつかさどるのです。

この記憶もですが、とくに判断が問題になります。

わたし自身は、大脳前頭葉の命令なしに、側頭葉だけで判断したという例は見当たらない。しかし、時実さんの本にこう書いてあるのだからできるのでしょうし、また、じっさいいまの学生はそれをやっています。

ところで、大脳前頭葉は、これを取り去っても人は死にません。

しかし、取り去ると人は衝動的生活しかできなくなります。それで、大脳前頭葉の命令なしに、側頭葉だけでする判断を衝動的判断といいます。

この衝動的判断というのは、一つの行為です。この行為は、のちに述べますが、古人のよくいった修羅《しゅら》の行為です。この行為それ自体が修羅の行為であって、人のすべきことではないのです。

ところが、この衝動的判断は、四つになるとすでに出ます。

そこで、著しく悪いものだけは、取らなければいけない。ことに、憎しみに基づく衝動的判断、これは絶対に取らなければいけません。

それから四つの後半にもなれば、ねたみ——このねたむという行為は衝動的判断です。これはかなり普遍的で、そして悪質なものです。

とくに女の子に多いのではないかと思います。これは取らなければいけない。

つまり、そういった衝動的判断が出たら、それを抑止することを、その子の大脳前頭葉にさせなければいけない。

大脳前頭葉は側頭葉に命令することができます。ですから、側頭葉だけの判断を抑止することができます。

この抑止するという働きは、衝動の抑止だけではありません。それはのちに述べます。抑止するという働きが、大脳前頭葉の固有の働きです。この力が強くなればよい。力が強くなるということが大事なのです。

それには、もっとも悪質なものを選んで、それを抑止することを躾ければよろしい。で、四つでは衝動的判断のうち、悪質なものを抑止することを躾けなければいけない。生まれてからだいたい四つになるまでは母親の受け持ちですが、四つのころは、父母共同の受け持ち、そして五つから七つぐらいまでは、父の受け持ちです。

はっきりこう仕分けなければいけないというのではありませんが、そうすることが望ましいと思うのです。

とくに、三つまでの子に母が欠けているということは、その子にとってひじょうに不幸なことだと思います。

できるだけそれを補うことを、くふうしなければいけないでしょう。

四つの躾は申しましたが、五つはどうするか。

五つになると自他の区別がわかります。自分をさきにし人をあとにする、というような衝動・感情・欲望、これらをみなおさえなければいけない。

一口にいえばそうです。

ぜひおさえなければならない衝動を抑止することは、すでに四つから始めていますが、五つからは、これを全体におよぼすのです。

感情・欲望については、これらのうち人らしくないものは抑止します。では、人らしくないものにどういうものがあるかというと、これは古人のいった六道を取り入れるのが便利です。六道には四悪道があり、これは修羅・畜生・餓鬼・地獄の四道です。衝動的判断をおさえると、だいたい修羅へは行かなくなります。で、残りは畜生・餓鬼・地獄です。

慈悲心が著しく欠けると畜生道へ行きます。だから無慈悲な感情・欲望の著しいものはおさえなければいけない。

肉欲・我欲をほしいままにすると、これは餓鬼道へ行くのです。だから、肉欲・我欲といったような欲望を恥ずかしいと思うようにしむけなければいけない。そして恥ずかしい感情・欲望を抑止するように、躾けなければいけない。

物質現象以外になにもないと思うのは、堕地獄の因《もと》です。それから、残忍性も堕地獄の因です。小さい子に、物質現象以外になにもない、というような考えは出てくるはずはない。しかし、残忍性は厳重に取り除いてしまわなければなりません。

物質現象以外になにもないというのは、徹底した物質主義という意味ですが、長すぎますから、以下物質主義といいます。

親たちは、なるたけ物質主義的考えをもたないように、また聞かせないように、そしてその反対のものは聞かせるように、そういう雰囲気をかもす注意をしなければいけないでしょう。

五つでは、衝動はだいたい全面的に抑止できるでしょうが、感情・欲望の抑止は、じゅうぶんうまくはいきません。

そこで、感情・欲望のうちの、とくにいけないもの、著しく人らしくないもので、その子になるほどとわかるようなものを選び、なるたけ納得させて、それを抑止させるように躾けるのがよろしい。要するに、こういったものを抑止する力が強くなれば、それでなんでもみな抑止するようになるのです。

子どもがいけないと気づくためには、恥ずかしいと思う心（内心を照らす日の光）と、慈悲心（内心を照らす月の光）との二つを、できるだけ養わせるのがよろしい。

これは、六つ、七つとだんだん余計にやってほしいのです。そうすれば、だんだん余計に、この恥ずかしいという心、つまり羞恥心《しゅうちしん》も育てられます。また、慈悲心も育ちます。

衝動的判断は、全面的に抑止するように、だんだんしていくとともに、父親は、男の子には人生の理想というものを、女の子には憧《あこが》れというものを、少しずつ話してやるとよいと思います。

女性には、心の悦《よろこ》びというものがよくわかるようにする。男性ならば、人の志気というものをもたせるようにします。

花にたとえるならば「色香も深き紅梅の」というのは、これは心の悦びでしょう。これは女性にだんだんもたせるようにします。梅の匂い、花のかおりですが、それは男性の志気に相当するものでしょう。

憧れと理想とです。これを父親がすこしずつあたえてやるとよいと思います。

父親がないばあいには、えてしてこれが欠けがちですが、母親がこの教育をやらなければならないわけです。

こういうことが躾です。

第二章　情緒の教育

――教育はどうすればよいのだろう2

岡潔

寺子屋式教育

ここで、大自然が人の子を育てるさいの方法を水にたとえてみましょう。

まず、水がタンクにはいっている。下のほうに水の出口がある。ホースがついているとしましょう。せんをしめたまま、そのタンクを高いところへ上げる。それから、せんをあける。そうすると、ホースのさきから、水が勢いよく出ます。これは、カイネティック＝エナージー（運動のエネルギー）です。タンクを高いところに上げるのは、ポテンシャル＝エナージー（位置のエネルギー）をあたえることです。

大自然は、人の子を、ポテンシャル＝エナージーをあたえてはカイネティック＝エナージーに変え、また、ポテンシャル＝エナージーをあたえてはカイネティック＝エナージーに変えして、水を勢いよく流すというやり方で、育てているように見えます。

ところが、いま人のしている教育を見ると、一定の傾きで、すこしだけ傾いたみぞをつくって、そこに水を流しているかのように見える。

それでは、水の勢いはまことに弱い。すこしどろでもたまっていると、もううまく流れないで氾濫《はんらん》するというふうなことになってしまう。

いまやっている教育は、こんなふうにやっているように見えますが、じっさいはそうすべきではなく、大自然に見習うべきであって、大自然をよく観察すれば、それができるようにちゃんとできているのではないかと思うのです。

その最初ですが、むかし、寺子屋というのがあって、そこで、素読や字を覚えることをやらせました。

素読というのは、意味はわからないが読むだけはすらすら読めるのみならず、そらんじさえする。

字のほうも、意味はよくわからないが、ともかく機械的に書くことは書ける。

こういうものです。

この素読と字を覚えさせる教育、これを復活させるのがよいのではないか。やるとすれば、五つ、六つ、それから七つ、八つ。これくらいではないか。七つ、八つは小学校一・二年生、五つ、六つはそれ以前です。

わたしはそう思うのです。

これについては、わたしには、六つのとき開立の九々を一晩でわけなく覚えてしまって、いまだに忘れないでいるという例があります。

また、その年ごろに字を教えたらずいぶんよく覚える、というような研究報告もあれば、子どものころむずかしいものを読むだけは読んだものだが、いまだにそれを忘れないでいる、といっている人にも出会います。

文部省か国語審議会か知りませんが、ともかく当用漢字を覚えさせるのに汲々《きゅうきゅう》としているようですが、こんなものは五つ、六つ、七つ、八つで覚えさせてしまうつもりでやるなら、わけないことです。

だいたい五つ、六つぐらいが、字なら字を、機械的にただ書けるという、そういう覚え方をする記憶力のいちばん強いときです。

これは、無努力で覚えてしまって、しかも生涯《しょうがい》忘れない、そういう覚え方をする時期です。この種の記憶力は、たぶん六つぐらいが頂上で、七つ、八つとだんだん弱くなって、それからさきはお話にならないくらい弱くなります。

大自然の、人の子の育て方はこうなっていると思います。

ところが、いまの義務教育のやり方を見ると、知能というものを、まるでバケツに水をくみこむようにたまっていくものだ、時間がたつほど余計にたまる、たまる分量は時間に比例して多くなっていく、こんなふうなむちゃともなんともいいようのない仮定を暗々裡《り》において、すべてそれに基づいてやっているのではないかと思います。

あとになるほど、むずかしい字を、それも加速度的に、余計に教えようというのです。

うまくいかないのはあたりまえです。

なぜ自然を見ないで、こんなかってなことをしたくなるのか。

教育者や教育学者たちは、たとえ知らずにやったまちがいでも、教育の問題でまちがいをやれば、その責任は負わねばなりますまい。自分は知らなかった、では済まされないことをよく自覚していただきたい。

わたしは、寺子屋式の教育は復活したほうがよいと思います。

これを復活しますと、まず、自然が人の子をどんなふうにしているかというそのやり方を無視して、その助手であるべき人が、人の子をかってに教育するというようなことはしなくなります。

そのためだけにでも、これを復活させたほうがよいと思います。

人は、五つ、六つのころ覚えたもの以外は、一度はみんな忘れてしまうのです。だから、覚えさせておけばそれでなにかになる、というその考え方もまちがいです。

なにかは残るには残りますが、教えたことそれ自体は、あとかたもなく忘れられるのです。

寺子屋を復活させたばあい、学校はやはり八つから始めてよいでしょう。

そして、一部分は学校とし、一部分は学校外でやります。これは親たちにまかせておけば結構と思います。

幼稚園へやったりすると、衝動的判断をむりにつけてしまいはしないかと恐れます。ひじょうに恐れる。この恐れが当然であるということは、だんだん説明していくとおわかりになるでしょう。

どうすれば衝動的判断ができるようになるかと骨を折っているのが、いまの教育であるかのように見えます。

これは、どうすれば人の子を修羅道へ追いやることができるかと、それをくふうしているということになります。

修羅道へ行けば地獄道に行きやすいのです。

寺子屋式教育でいちばん問題になるのは、なにを教えるかです。

字は多すぎるくらい教えるとよろしいでしょう。少なくともいまの倍は教える。

いまの当用漢字には、趣きを表わす字が著しく欠けています。趣きを表わす字が欠けていては、人の心は育ちません。

たとえば、天地悠久というときならば、その悠久は、いずれも「ひさしい」ですが、久の字はよしやめても、悠の字はやめてはいけない。

悠というひさしいは、時間を超越するという趣きですが、こういう趣きなしに、だいたい具体的にものを表わす字ばかりそろっています。

そんな当用漢字をあやつって、

「悠然として南山を見る。」

この悠然を、他のことばでおきかえていい表わしてごらんなさい。いい表わせるかどうか。文章にいい表わすことさえできないような気持ちがおこるかどうか。

たいへんな問題です。

趣きは情緒です。情緒は、情緒の中心を通して、ただちに子どもの大脳、その他具体的ないろいろのものになる。

だからそのくにによい情緒がおこらないということはたいへんな損失なのです。で、文字のことを申しましたが、では寺子屋式教育で、どういうものを素読させればよいかということになります。

わたしは、文学・歴史・倫理などから選んで、より抜きのよいものばかりを、意味抜きで読ませ、それを覚えさせるとよいと思います。なるたけ口調のよいもののほうがよいと思います。

情緒の中心

情緒の中心ということをいいましたが、わたしは、情緒の中心が人の中心だと思います。そうだとすると、大自然が情緒の中心をかためるのを、どうしたら手助けすることができるか、ということになります。

いったい、情緒の中心をまとめているものはなんでしょうか。

表現することばがむずかしいのですが、しいていうならば愛だと思います。なかんずく、慈悲心を欠いては、とうていまとまるまいと思います。

情緒の中心がまとまらなければ、外に現われようと現われまいと、性格分裂です。

ヒトラーとか、スターリンとか、ああいった人たちは、感覚には異常が認められないから、医者はそうだとはいわないにしても、知性のところですでに性格分裂が現われているので、潜在的狂人ではないかと思います。わたしは、これはとくに彼らに慈悲心が欠けていたためだと思うのです。

情緒の中心をまとめているものを、適当なことばがないから仮に愛という、といいました。ほかになかなかいいようがない。しかし、愛といわれるものには、ふつう無明（小我的なもの）がそうとう混じっていますから、それをじゅうぶん抜いて、純粋な（大我的な）ものにしなければなりません。プラトンは恋愛を知らなければ天堂にはいることができないという意味のことをいったと聞いています。もしそこから無明（小我）をじゅうぶん抜いて浄化してもらえるなら、式子《しきし》内親王のつぎのお歌など、愛とはどういうものかをよくいい表わしていると思います。

眺むれば　思ひやるべき方ぞなき
春のかぎりの夕暮の空

仮に愛という、とはそういう意味です。
その愛という心のうちで、とりわけ慈悲心が大事だ、とそういったのです。

大脳前頭葉の働き

で、情緒の中心が人のいちばん中心ですが、そのつぎの中心は大脳前頭葉です。
これは、ギリシアのことばでいって、自由意志を働かしえるところです。

前頭葉は側頭葉に命令することができます。命令するとき、大脳は全面的に働くわけです。仏教でいえば、無明の中心もここにあるのです。

わたしたちが心を働かせるとき、それをギリシアでは知情意すると分けています。この知情意するのは、頭を使うからできるのです。

これをはっきりいうならば、頭を使わなければ知情意することができないということです。しかし、頭を使いさえすればできるかというと、ここにひじょうな問題があります。

このことは教育に関して特に大切なことです。

花園をみると花が咲いている。花がきれいだなあ、と思う。

この、きれいだなあというのは、どこでわかるか。

花がきれいだというのは、おとなにはわかるが、幼稚園に行くか行かないかくらいの小さい子どもにはわからないのです。

なぜかといいますと、知覚の中心は大脳側頭葉にありますが、その知覚する脳の部分の発育が悪いから、花がきれいだとわからないのだと、いっぱんにばくぜんと思っています。そうきめてかかっています。しかし、そうではないのです。

幼稚園の子どもの中にも、まれには花の美しさのわかる子がいるのです。

その子にだけなぜわかるかというと、その子はほかの子どもよりも花に注意を集めることができる。心を花のところに集めることができる。

そこだけちがっているのです。

たいていのおとなは、花のところに心を集めることができます。心さえ集まれば、大自然の純粋直観（真智）が働いて花の美しさがわかるのです。

古人は、真智のこの働き方を成所作智《じょうしょさち》といったのです。

大自然の成所作智が働いて、花が美しいとわかる。しかし、花や葉の色がわかっても、それが美しいとはなかなかわからない。

どういう色の花だというのは知覚であって、きれいだというのとはちがいます。きれいだとわかるのは成所作智です。妙観察智《みょうかんさっち》も働きます。

ここのところに、大自然が人の子を教育しようとしているのを手助けする人たちの、まちがった独断があるのです。

きれいだなとわからないのは脳の部分の発達が遅れている、とする独断的仮定があるのです。これはひじょうなまちがいでありたいへんな偏見なのです。

頭を使えば知情意できる。しかし、真智がまったく働かなければ知情意はできないのです。智を三つに分けて、ほんとうの智を真智といい、他に分別智と邪智とがある。分別智の分別するは判断することであって、前頭葉が命令してする判断です。側頭葉だけが命令してする判断が邪智で、無明本能がはいっている。衝動がそうであり、だから邪智である。

ところで、この分別智も邪智も、真智がまったく働かなければ働かないのです。

それで、純粋に真智だけが働くのを、つまり、じかに働く真智だけを真智といっているのです。なにか曲がった大きな管やさらに小さな管を通ったものを分別智とか邪智とか呼んでいますが、源はやはり真智なので、真智がまったく働かなければ、頭という機構はあっても働かないのです。このこともじゅうぶん知っていただきたい。大自然に対して、つねに威張ろうとしている人たちの見落としそうなことです。

人というのは、大自然のあやつり人形なのです。だから、よく教育するというのは、大自然がよくあやつれるようなあやつり人形をつくることを、人が手助けすることです。

いやだといっても、それしかできないのだから仕方がない。いまの考えを固執すればいやに思えるでしょう。

しかし、それをさらりと捨ててしまって、じっさいあるがままをあるがままに見たら、わたしたちはそういう大自然の中に生まれ合わせたことを、どんなに幸福と思うでしょう。

人のいちばんの中心である情緒の中心の大事なことを述べましたが、つぎの中心である頭、とくに大脳前頭葉の働かせ方についていいましょう。

その働きを見るには、大脳前頭葉が特別強く働いたときから見るのがわかりやすい。それをやりたいと思います。

わたしは数学をやっておりますが、数学は文化のうちの学問と呼ばれるものの一つです。

わたしはその数学を研究して、それを論文の形で発表するということをつぎつぎと続けています。

その一つの論文を書くのに大脳前頭葉を働かせるのですが、どのように働かせているかといいますと、このごろは情操型研究と呼ぶ研究法でやっています。

わたしは大脳側頭葉だけでは判断できない。つまり、衝動的判断ができないのです。前頭葉でやる。

大脳前頭葉は、感情・意欲・創造の働きをする、となっていますが、その感情・意欲を数学のほうに向けてしまうのです。

そうすると、感情・意欲、とくに意欲が数学のほうに向いているので、前頭葉は他のものについて判断せよと側頭葉に命令しません。だから、外界が見えてはいるらしいのですが、判断のまえで打ち切られているので判断はおこらないのです。だからそのあとはなにも伝わってきません。つまり、外縁は判断よりまえで打ち切られているために、すこしもわたしに伝わってこないのです。

また、感情・意欲が数学のほうへ向いてしまっているので、内心とわたしとの縁も完全に断たれていてなにも伝わってこないのです。

こういう状態で、わたしは完全に数学の中に統一した精神を置いている。この精神統一下になされるのが、情操型研究あるいは発見です。

数学の中では分別智は働いています。しかし働かないときもあります。働いていないときは純粋に真智が働いています。分別智が働いているときは、真智は絶対に働かないというのではありません。分別智がまったく働かなくなるにいたって、真智は驚くべき働きをするのです。

精神統一下に分別智を軽度に働かせて、真智をそうとうに働かせているという状態で研究を進めるのがこの情操型研究であり、そうして発見されるのが情操型発見です。もちろん邪智はすこしもはいりません。

わたしは、東洋人はこの型でやるのがいいのではないかと思っています。それは雨にじっと聞き入るといったのに似ています。

そのさい雨は分別智です。そのくらいの程度にしか働いていない。分別智がまったく働かなければ、からっと晴れた青空になるわけです。

しかし、むしろすこし雨が降っているほうがなんだかじっくりする。それで情操型発見というようなことをいうのです。

だんだん粒のこまかな雨が降るようになっていきます。これを境地が進むといい、境地が進めば、そのものが著しくじょうずにできるようになります。

これに反して、インスピレーション型発見というのは、分別智がまったく働かなくなった瞬間に、真智が雲間から急に青空が出る如くに働くのです。

そのとき、まるで意識に断層ができたような感じがする。たとえば、向かいのへやのふすまが突然からっと開かれたようなものです。

いままでなにもわからなかったへやの中のありさまが一目瞭然《りょうぜん》とわかかった。こんなふうなわかり方なのです。

情操型もインスピレーション型も、大脳前頭葉の働きは同じことです。邪智は使ってはいけない、分別智はすこしは使わなければいけない、真智は使えるだけ使わなければいけない、ということです。

古人が智というとき、それは知情意を合わせてこう呼んでいるのです。

真智とは真知・真情・真意の意味です。

感情樹

これは特別のときですが、へいぜいはどうか。そのほうがひじょうに大事になります。とくに教育についていおうとするならば、それが大事になります。

これについては、感情樹というものを想像してほしい。大脳前頭葉に葉をひろげ、根を情緒の中心に持ち、この葉と根とを幹とか枝とかでつないでいく。こういう樹を思い浮かべてください。この樹に日光が当たると、葉は同化作用を営み含水炭素ができます。一口に含水炭素といってしまいますが、これはひじょうに微妙なものです。

松の含水炭素は松のどの部分へどう使われようとみんな松になり、柳のばあいは全部柳になります。

そのやり方ですが、根から水分を、空気中から炭酸ガスを取って同化します。同化したものを、植物のばあいはなにも根から配られはしませんが、人のばあいは、情緒の中心から全体に配られるのだと思います。

こういう働きを営み続けているのです。

ところで、この樹にはその葉のひろがっている世界がある。

そして、その世界の日光でなければその葉に対して当たれない。

つまり、葉のひろがっている世界の日光でなければ、なんの同化作用もおこしえないのです。

これが、ごく大事なことです。

そのようにしてできた含水炭素が情緒の中心へ行くと、情緒の中心はその含水炭素に応じた方向へ世界の向きを変えていくのです。

つまり、情緒の中心の命令によって感情・意欲するのです。だいたい情緒の中心が指示するとおりに大脳前頭葉が感情・意欲する。すこしの自由はきくけれども、だいたいの向きは変えられない。

その向けた向き、それがその世界です。その向きの日光だけを受けて同化作用をして、情緒の中心へ送る。

もうそれでよいと思ったら、その方向を固定します。樹の全体、幹も枝もそのまま固まっていきます。つまり、その世界の向きを向いたまま大きくなっていくのです。

感情樹は、こういうふうな循環を繰り返してだんだん生長し、大木になってしまいます。もはや、その葉のあるところの世界は変えられません。

これを古人は、業《ごう》が熟する、といいました。業が熟してしまってからでは、どうにも変えられない、変えようがないというのがこれなのです。

そしてこれが、人の性格なのです。感情樹が性格です。ある程度発育すると、もはやそれは変わらない。

これは、どの世界に葉をもっているというだけではありません。どんな幹ぶり、どんな枝ぶり、想像がつくなら、どんな根の張り方、それが変わらないのです。

だから、これさえ同じならば、まざまざとしてその人を思うことができるのです。

さて、その葉のある世界の日光しか同化作用をおこさない、というその世界を大別することが大事です。

仏教では、これを六つに大別しています。

これは釈尊ほどの人でなければ、ちょっと六つには分けられません。

よい世界から悪い世界への順に、天道・人道、この二つがよいので二善道と呼んでいます。それから修羅道・畜生道・餓鬼道・地獄道、これらが四悪道です。

この六道は、輪廻《りんね》するといって、ぐるぐるまわる。それでまわらないものがこの上にあるのです。

声聞道《しょうもんどう》・縁覚道《えんがくどう》・菩薩道《ぼさつどう》それから仏道《ぶつどう》の四道です。

六道のうちの人・天二道は輪廻するから、他の四悪道に行くかも知れない。しかし、声聞道から上はそんなことはない。解脱《げだつ》しているというのです。

解脱しているとは、六道輪廻から足を洗うという意味です。

人道から仏道にいたるまでを人の正位ということにします。で、世界は、人の正位と四悪道と二つあるわけです。

そして、人の正位は陸地に、四悪道は沼にたとえられます。沼は底なしのどろ沼です。

簡単に申しますと、日光は、陸、つまり人の正位まではさしますが、どろ沼の中、つまり四悪道にはささないのだ、とこう思えばよろしい。

ここで日光といえば、これは真智です。

それで感情樹というものがあるということがわかれば、人の正位の陸地と、四悪道のどろ沼の中とに分けることが、絶対必要なのです。

同化作用は真智の日光がさすからおこるのです。

人の正位から上なら、これはもう日光は真智で、それだけならまぎらわしくないのですが、四悪道（どろ沼の中）へも光はさします。そこにある樹に対しては、日光というのは他のものなのです。

教育の三期

大自然が人の子を教育する仕方ですが、これをごく大きく分けますと、三つになると思います。第一期が小学校の一、二、三、四年で、この四年間に情緒の調和をつくりあげます。もっとも、これは本質的には純粋童心の時代にできあがっているのですが、それよりも、もっと外に投影するのです。

「真如一転して世界となり、再転して衆生となる。」とまえにいいましたが、この世界とか衆生とかというもの、すなわち自然界とか社会とかいう外界に投影するのです。外界的に情緒の調和が現われるようにする。

それを情緒の調和をつくりあげると、こういっているのです。すべて外界的に現われることをつくりあげるというふうなことばでいうのです。

第二期が小学校五、六年、中学校一、二、三年、高等学校一、二年の七年間です。七年かかってこの期間に知性をつくりあげる。つまり、大脳前頭葉の働きが外界に現われるようにします。

第三期は高等学校三年、大学一、二年の三年間です。

この期間は、できるだけ自由に自分を掘り下げ、自分の守る道義をつくり、理想像の最初の素描をさせ、行くべき場所を選ぶ準備をさせます。

大自然は、だいたいこういう順序で人の子を教育しているように見えるのです。

それでは知・情だけで意がないではないかという疑問があるかも知れませんが、大脳前頭葉は知の中心であり、情緒の中心は情の中心です。

そこでこの二つについて述べたのですが、意というのはべつに中心をもたないのです。つまり、意志は全体を通じて、だんだんできていくものでしょう。

全体というここであげたこれは、小学校の六年、中学校の三年、高等学校の二年までの十一年間です。この期間を通じて、意志はだんだんできていくのであろうということです。

で、意志についてはあとで述べることにして、情緒の調和をつくる第一期、知性をつくる第二期、理想像の最初の素描をする第三期をそれぞれ順を追って申しましょう。

情緒

情緒の調和というのはいつどうできていくか、なかなかいえないものなのです。

たとえばわたしは菊が好きです。

なぜ好きになったかと申しますと、小学校六年の夏、はすにそぐように切った篠竹《しのだけ》の切株へ右足のかかとを強く打ちつけました。そのため足にけがをして、二学期じゅうほとんど学校を休んでしまいました。よくなりかけたころが、ちょうど菊の花のころに近づいてきたのです。

家のうしろのみかん山と呼んでいたところですが、あちらこちらに、もうならなくなったみかんの木のある裏山には草が一面にあり、その中にまじって菊がはえていたのです。ほんとうにたくさんはえていました。

わたしは杖をついて、けんけんしながらそこへ登っていきました。登って見まわしてみますと、比較的大きな花の咲きそうなのがありました。

それで、毎日そこに登っていっては、二時間ぐらいじっとすわりこんで、青空を見てはおりてきました。雨でないかぎりかならず登りました。

そうこうしているうちに、菊のつぼみがすこしふくらんできて色が見え始めました。

わたしはなぜか黄菊が好きでしたので、それらの菊の中から黄色くて、しかもいちばん大きいのを選び、そこへ行ってじっとすわっては、かなり長いあいだ、それを見たり空を見たりしていました。それからおりてきました。そういうことを毎日繰り返しました。

もちろん咲いてからもです。そのころの菊は、みんなよいかおりがしたものです。

咲くまでが実に待ち遠しかった。咲いたときのうれしさや、咲いたあとのことはあまり覚えていないが、咲くまでのことはよく覚えています。

だから、これは期待の喜びで登っていったらしい。

ともかく、その後、菊がひじように好きになり、黄菊はもちろんどんな菊でも、最近になって、そのかおりがまったくなくなるまでは、菊が好きであることにはすこしも変わりがなかった。

ともかく裏山の菊以後好きになったということになっていますが、逆に、そこにいたるまでをたどってみますと、かなりいろいろなことがあるように思われます。

それがいいたいことなので、その六年のときから逆に記憶をたどります。

わたしは、二年のなかばから五年全体まで、大阪の小学校に通っていたのです。四年の終わりごろ、大阪市内から打出《うちで》という海岸の村に引っ越したのです。

ちょうど菊の花のころでした。

引っ越すまえに、大阪の縁日へ行ったとき、はち植えの白い大輪の菊を買ってもらいました。転宅のとき、そのはちを大事に持って打出へ行って、そのはちのまま育てたのです。

あくる年は、だいぶ花は小さくなりましたが、去年の大輪の花から出た芽らしく、かなり大きなのが咲きました。

六年は郷里の小学校へ移ることになり、学年休みのうちに転宅したかと思います。

そのときは菊はまだ芽を出しただけでした。

わたしはそのはちを持って帰りたかったのですが、こんどは相当遠いし、あそこへ行けば菊はまたいくらでもあるからというので、はちのまま捨てていったのです。

わたしは縁日で菊を買ってもらったとき、実にうれしかったし、捨てていったのがひどく心残りでした。

わたしは大阪で生まれたのですが、大阪にいたのは三つのときまでで、四つのときから小学校一年までは郷里にいました。

そこでさらに記憶を逆にたどってみますと、そのころ、祖母がいつも菊をつくっていました。

それも、さし芽をしてつくるというようなつくり方ではなく、株の芽を骨折って育てたのです。たんねんにせわをし、つぼみを枝に一つずつしか残さなかったので、かなり大きいのが咲きました。

いろいろ咲きました。

色でいえば、黄や、白、赤。赤といっても菊の赤は特別です。咲き方も、まっすぐひらいて咲くのや、なにか口いっぱいに物をふくんだようなかっこうのや、乱れて咲くのや、弁だけがひじょうに長く伸びるのや、そういったいろいろなのがありました。

祖母はそれらに霜がおりないように、いちいちすこし高くかさを着せていました。

わたしはそういうものを、毎年見ていたわけなのです。菊が好きなのは、これがよほど大きな原因だったのだろうと思います。

菊ばかりでなく、祖母はいろいろな花をつくりました。

花をつくるのが好きだったのですが、死んだ人の命日には、きっと花をあげてお祈りしました。そのためもあって、四季欠かさず花が咲くようにしていたのです。

菊以外で骨折ってつくったのは朝顔です。

これも、はちに一輪か二輪というのではなく、垣根《かきね》一面に咲かせるというのですが、やはり種を選んでつくりましたから、ずいぶん咲きました。

わたしは、あすはいくつ咲くといって、つぼみを数えたりしました。どれくらいあったか覚えていませんが、千まではなかったにしても数百はありました。

咲いた花には、祖母はいちいち、これは紺青だとか、赤のふち白だとか、しぼりだとか札をつけ、その種だけを集めるようにしていました。

わたしはべつに手伝うわけではありませんが、四季さまざまの花のせわをする祖母のあとをついて歩いていたのです。

わたしはそれですっかり花が好きになってしまいました。

そのころ咲いたダリアに天竺《てんじく》ぼたんと呼んだのがありました。赤と白のまだらの小さなダリアですが、ポンポンダリアほど小さくはない。

それが、近ごろ珍しくうちの庭に咲きました。それで、はじめて歌というものをよんでみたのです。ちょっといってみましょうか。

梅雨《つゆ》あけの　草深き庭の片隅《かたすみ》に
幼きころのダーリアの花

ところで、わたしの記憶は四つまでしかないのですが、三つだって、そんな気がするということはあるのです。

三つのころ、わたしたちが住んでいたのは露地の中だった、と思う。

その露地に菊が並んでいた、と思う。それは黄菊や白菊だ、と思う。どうしてもそうとしか思えないのです。

そのころほとんど無意識に、たえずそれらの菊を見ていたのです。

そこは三つまでいたところですから三度見ている。たえず菊を見ていた。それが残っているのかもしれません。

そう思うのです。オリジンはそこにあるのではあるまいか。

というのは、わたしはいまでは朝顔もずいぶん好きだけれど、菊と朝顔とに対する感じがなんだかちがうのです。

朝顔ははじめてだし、菊ははじめてではないという気がするのです。

こんなふうに情緒についていってみますと、情緒はずうっと尾を引くのですね。そしてその始まりは、たぶん三十二か月の童心のところから来ている。

その後もそれを強くするには、何度もいろいろなことがある。おとなになってすでに長く世の中にいても、わたしたちの情緒は、日常茶飯事の外界の風物の中に――ただなにげなく見ていれば外界の事物にしかすぎないのでしょうが――生きて尾を引いて残っているのではあるまいか、と思うのです。

道元禅師はこういっておられます。

「いかならんか過去心不可得といはば、生死去来と云ふべし。いかならんか現在心不可得といはば、生死去来といふべし。いかならんか未来心不可得といはば、生死去来といふべし。」

純粋童心の世界ですが、あそこに現われているものは、突如として現われたのではなかろうと思うのです。たぐっていきますと、過去無量劫《かこむりようごう》まで尾を引いています。

つまり、わたしたちが単細胞だったころまで尾を引いているのです。そう思われます。

いまのわたしには、それからさきを明らめるほどの真智の光はない。しかし、じゅうぶん照らすようになればよく見えるものであろう、とそう思います。

古人は見えるといっております。

これをことごとく見明らめるのは仏でなければできない、といっています。

しかし、人はだんだん位が上がっていきます。だからだんだんよく見えてくるだろうとわたしは楽しみにしているわけです。

情緒と小学教育

情緒の調和は、小学校の一年から四年までに仕上げたいと思います。小学校へはいるまで放っておいて、一年から始めたらそれでよい、というのではないことはもちろんです。それでは、この四年間に、どんなふうに情緒の調和が形に現われるようにすればよいか。

わたしのばあいはこんなふうでした。

一、二年のころ「幼年画報」をよく読んだらしい。はじめは、読んでもらっていたのかもしれない。

その中のいろいろな話だって覚えていないことはありません。が、いろいろと色のついた絵や、ふつうのさし絵があった中で、表紙絵がいちばんきれいでした。

紫苑《しおん》の花とか、葉雞頭《はげいとう》とかが描かれてあって、きれいだなあ、と思いました。で、そののちのわたしの見る葉雞頭は、たえずこの表紙絵の葉雞頭の現われなのです。紫苑の花は、この紫苑の花の現われなのです。

秋になると、奈良に紫苑の花が咲きます。たいてい板塀《いたべい》の上にのぞきます。

そして秋が来たことを告げるのです。

このときの紫苑の花というのは、あの「幼年画報」の表紙の紫苑の花が情緒になって、そして、いまの紫苑の花の上に重なっている。

それで、わたしには紫苑の花という情緒がきれいに見えるのです。葉雞頭もそうです。

三年・四年では、もう「幼年画報」は読んでいません。「日本少年」をとってもらっていました。

それから、「おとぎ花籠《はなかご》」というおとぎばなし集、それを買ってもらっておもしろく読みました。

「おとぎ花籠」の中の、「魔法の森」という物語からは、「なつかしさ」という情操を教えられ体取し、また「琴の由来」からは、なぜ憎しみがいけないのか、という疑問を植えつけられました。

この疑問は、やがて中学校を卒業し、高等学校時代にはいって、ぼつぼつ解決されていきました。

「日本少年」では、「ひわの行方」というお話から、かわいそうに、という感じを強くさせられました。

空気銃で一羽のひわを心ない少年が撃つ。おとなが撃ったらもっといけなかったのですが、少年だった。その心ない少年の行ないをわたしは憎んだ。

これは正義心です。だから、慈悲心を教えられ、正義心をおこす機会をあたえられたわけです。三年・四年になると、だいぶわけがわかってくるのです。そして、ここで情緒の中心を、ほぼ仕上げることができます。

この情緒の調和はまことに大事で、けっしてどこでやめていいという時期はない。それは死にいたるまでつとめるべきものなのです。

ところで、いっぱんには、一年・二年・三年・四年、とくに三年・四年でこうあってほしいことが、転校などの関係で、わたしのばあいはすこしずれているため、五年のころおこっています。そこで、五年でこうであったというほかないのですが、これは四年までにやっていただきたいことです。

五年のとき、わたしをたいへんかわいがってくださった唱歌の先生がありました。お名前は忘れてしまいましたが、女の先生です。

さきに、東京放送で古村《こむら》という女性放送員と対談しました。そのときもらった名刺を見て、古村っていい名だな、と思いました。

古村《こそん》――こう、すぐ連想した。

「花あり月ある孤村《こそん》の夕べ、いずこにつながん栗毛《くりげ》のわが駒《こま》」

その女の先生がよくおうたいになった歌です。その歌が、先生のふしまわしというか、声で思い出されました。

この唱歌の先生には、わたしが同級生のあとについていたずらをして、泣かれてしまったことがある。それがひどく印象に残っています。

かわいがっていただいたのですぐ思い出した。

それから、担任の藤岡先生です。実にかわいがっていただいた。

わたしは、まるで、ひよこが羽をひろげたように、伸び伸びと自分の境遇を楽しんだのです。

こういうふんいきのもとで情緒の調和はできあがるのです。なによりも、いちばん大事なことです。

ところで、この四年までに、ただ情緒だけでよいかというと、意志も知性も働いています。意志のことはあとでいうことにして、知性について一言だけいいましょう。

とくに算数ですが、わたしは算数の時間は比較的気を散らさないようにやっていたらしい。自分で思うように計算して、それから、ためし算をきちっとやっていたらしい。

こういったことが大事なのです。

とくに気を散らさないようにということ、結果を自分で信じるようにということ、ああせよこうせよといわれたとおりにしないということ。

これらがみな大事なのです。

これで、小学校の四年までは、終わったことにします。

第三章　知性と意志の教育

――教育はどうすればよいのだろう3

岡潔

知性の教育

小学校五年から高等学校二年までの七年間は、知性を伸ばすのによい時期です。わたしたちのころ、初潮はいまの高等学校の一年にありました。だから、中学校三年まで、生まれてから中学校の三年までは、大脳の発育期にあったといえるのです。もっともそのころは、大脳の発育期は満十五歳までといわれていました。

ちかごろは、時実さんの「脳の話」によりますと、男は満二十歳、女は満十八、九歳までとなっています。

これはたぶん、見ている部分が広くなったからで、まえの満十五歳までという見方が変わったわけではないと思います。

というのは、満十五歳まで発育すると見ると、いろいろなことがひじょうによくわかるのです。やはり、正常に発育すれば、発育期は満十五歳（中学三年）までで、発育期が終わったしるしとして、男性でも女性でもそのしるしがある。

女性のばあいには、それがとくにはっきりわかる。初潮がそれである。

こういうことです。

時実さんは、脳幹部も大脳のうちに入れておられますが、わたしもそれに同調します。

そして、知性をつくる七年間を、三つの時期に分けて調べます。1は小学校五、六年、2は中学校一、二年、3が中学校三年と高等学校一、二年です。

その1の時期についてお話します。そのさい、成熟したしるしが高等学校一年にあると考えて述べます。

これは、ごく大事なことです。

1の時期では、大脳前頭葉が命令して、大脳側頭葉が記憶する。これをやらせるのです。

つまり、自覚的、選択的記憶です。

以前の義務教育では、小学校五年から、理科とか地理とか歴史もそうでしたが、そういったものを始めました。粛々《しゅくしゅく》と始めたのです。

右足・左足と粛々と歩み始めるのですが、それが大脳前頭葉の命令による記憶ということになります。

それで、たとえばですね。わたしは、表札を書けといわれたことがあります。

ここは、法連《ほうれん》佐《さ》保《ほ》田《だ》町《ちょう》というのです。

それでさっそく、きちんとすわって筆を取り、法という字を書こうと思って、氵《さんずい》を書きました。

そうすると、この法という字がなぜ氵であるのか、はなはだ不思議に思えた。石へんとでもいうのならまだわかりますが氵というのはおかしい。

それで、そっとそのつぎをそらで書いてみた。氵に去ですね。

そうすると、ますますおかしい。なぜ水が去るのを法というのか。これではまるで水とともに漂い去るようなものだと思って法という気がしなくなって、しばらくじっとしていた。

そうすると、わかったのです。

漢字はたいてい支那の上代につくられている。そのころは、たぶん人々は黄河の上流の地方に住んでいたであろう。そうすると、あのあたりは黄河の氾濫がたいへんだから、禹王《うおう》の話もあるように、ともかく治水が重大な問題だった。なるほど、水が去るというのは、あのころにあっては大問題だから、それをもって法とするということもじゅうぶんありえる。

氵に去るで、法と見えてきました。

こんなふうに、わたしたちはみなそうだと思いますが、改まるとひどく精神統一をします。そういう癖があるというのです。気を散らしたままで覚えた字は、気を散らしたままで使っているぶんには、すこしもさしつかえがありません。

しかし、すこしきりっとなりますと、精神統一をするわけですが、もはやその字がたよりなく思える。

で、精神統一が深ければ深いほど、また、同じ精神統一のもとにあっても、その字を見つめてそれでいいのかと思っている時期が長ければ長いほど、気を散らしたままで覚えた字がたよりなくなってくるのです。

さきの法という字など例外です。たよりなく思えても、理由などたいていのばあいわかりはしません。すべてたよりないのです。

わたしは、この表札をまるで薄氷を踏む思いで終わりまで書いて、恐る恐る、これでよいのかと伺いをたてた。それでよい、ということでした。

こんなふうになるのです。これが、大脳前頭葉の命令なしに、側頭葉だけで記憶したものであって、衝動的記憶と呼ぶべきものです。

たいてい、人はみな衝動的記憶でやっていますし、そうしても、かくべつ害があるとは思えません。たとえ記憶は衝動的ではあっても、判断のところまで行かなければよいのです。

困るのは、衝動的判断なのです。

それで、この衝動的記憶は、べつに排除すべきものではありませんが、これとはべつに、意識的記憶――大脳前頭葉の命令による記憶、この字は覚えるべきか覚えざるべきか考え、選択してする記憶――これが大事である、といっているのです。

こんなふうになりますから、理科系の思想の基本になるようなことばは、すべて大脳前頭葉の命令下に覚えなければなりません。そうすると、かならず選択もはいりますね。

なるほどこれは覚えなければならない字だ、ことばだ、だから覚えようとし、覚えなさい、といわれて覚えるわけです。

数学でいいますと、大脳前頭葉が命令して、大脳側頭葉がしばらく記憶している。これがひじょうに要《い》るのです。

わたしは、フランスにいたことがあるのですが、たとえば、フランスの商店のお金の勘定の仕方というのはこうです。

くつ屋へ行って、八百七十五フランのくつを買ったとします。千フラン札を出す。そうするとおつりですね。その勘定はつぎのようにします。

くつが八百七十五フラン。これを八、七、五と覚えこむ。

そして、五のところへ、六、七、八、九、十と銅貨かどうか知りませんが、五フランを置く。それで、すんだら五はもう覚えていなくてよい。

つぎは覚えていた七のところへ、九、十と十フラン札を二枚置く。これで七は覚えていなくてもよい。

こんどは残りの八のところです。下の位から一つ繰り上がってきていますから九。ここへ百フランを置いて、はい千フランのおつりです、と渡すのです。

実にしばらくのあいだ、八、七という二つの数字を覚えていさえすればいいのです。で、この数字の記憶は暗算をやればかならず強くなります。

数字を記憶するため以外に、十以下の数の勘定などことさら練習するにはおよばない。小学校にはいるまでの子どもはたいていみなできる。

フランスでやっているのは、商売するのに要るのは、おつりを出すほうももらうほうも、なにしろ、数をしばらく覚えているということだけです。こんなときには、値段が書いてありますが、いっぱんにせいぜい数を覚えておくというだけは要りますね。

覚えるために、この時期に暗算をすこしやらせるほうがよいのです。

それから、ことばで書かれた応用問題をやらせるほうがよいのです。これも、しばらくのあいだことばを覚えていなければ、覚えていて、そして、意味に直さないと、意味になってこない。それがむずかしいのです。

これもやはり、大脳前頭葉が命令して、側頭葉がしばらく覚えていることです。

これをやらせることは実に大事です。

フランス人は、たとえ計算はできなくても、これはじゅうぶんできるらしい。計算といっても、いまやったような足し算だけなら順序数を十まで数えているに過ぎないのです。これなら命ぜられた側頭葉がしばらく数《すう》を記憶しているという以外はなにもやっていません。

しかし、こればかりやっていますと、前頭葉が命令して側頭葉がしばらく記憶する力は確かになります。

このことが、どんなにフランス文化に関係しているか。計算など要らないけれどもこれは要るということが、ちょっと調べてみるとわかります。

自由といいますね。フランスのモットーは自由・平等・博愛だといいます。その自由とは、

「他人の自由を尊重する自由を享楽するということだ。」

というのです。もう一度いわされたら、いいまちがえそうです。いうほうも、聞くほうも骨の折れることばです。

ともかく、しばらくじっと覚えていなければ、聞くほうは意味がとれないでしょう。

いったほうも、しばらくじっと覚えているのでなければ、どこまでいったかわからない。

「自由とは、他人の自由を尊重する自由を享楽するということだ。」

だから、いやいややったのではだめなのです。

人の自由を尊重することくらいやったってかまわないではないかといって、それを楽しむというのがフランスでいう自由だ、そういっているのですが、だいたいことばの元になるすこし長い思想も、やはり大脳前頭葉が覚えておれと命令したものを、側頭葉がしばらくのあいだ覚えていられるのでなければいけない。

また、済んでしまってから、なお覚えているのは執念深いというもので、すぐ忘れなければいけない。

フランスが文化的に高いというのは、実に1の時期の訓練、つまり、大脳前頭葉が覚えておれと命じたあいだだけ、側頭葉が覚えていることと、済んでしまったら忘れることと、これがうまくいっているからではないかと思います。

フランスで大事にされていることに、ポンクチュエルにものをいうということがあります。歯切れよくものをいうということです。

そこに要るだけのことばは、一語一語選んで略さずいい、要らないことばは一つも入れない、こういうやり方です。だいたい直接法現在でやる。

これがフランスの文化を暗示していると思います。

あなた方にぜひおすすめしたい本に、フランスの作家サン＝テグジュペリの日本語訳「星の王子さま」というのがあります。童心を知るまことによい本です。

そうすると、きっと気づくでしょうが、日本人と情緒がまったく同じであること、ただちがうのは、表現がひどく歯切れがよい、ということです。

歯切れがよいということは、フランス文化の特徴であり、いまいった1の時期の訓練がよくできているところからきていると思います。

サン＝テグジュペリは、たとえば、

「子どもの世界は、ものそのもの、ことそのことの世界である。」

といっております。

しかし、これはなにもサン＝テグジュペリだけではありません。同じようなことをジイドはよく、

「ソワ＝メーム」といっています。

ソワ＝メームというのは、「ものそのもの」の意味です。

たとえばカミュの小説を読んでみてください。あの精密な描写は、いつにこの「大脳前頭葉が命令しているあいだ大脳側頭葉が記憶している。」という能力に依存していることがわかるでしょう。ものをいい表わすにもこれを使っています。情勢を構成するにもこれを使っています。とくにこの能力にはあとの使い方があることに注意しなければなりません。副尺のように使うのです。

これで第二期の1の時期は終わります。もう一度いいますと、1の時期は、大脳前頭葉の命令

のもとに大脳側頭葉が命ぜられた時間のあいだ記憶しているということ、長く記憶するばあいにもやはり大脳前頭葉の命令のもとに記憶するということです。

そして、これができるようになって、右足・左足と粛々とあゆみ始めることができる。つまり、知性の夜明けになるのです。

ものの勢い

1の時期が終わって、ここまで続いてきている情緒の期間が一区切りつきます。第一の情緒をまとめる時期が終わってこの五年・六年で情緒が外への出口を見つけるのでしょう。なにか一区切りつくごとに、さらになにかの時期が来ます。

2の時期の中学一、二年というのは、本を速く読む、その速さを増すのにひじょうによい時期です。

2の期間にはおもしろいものを――といっても、なるたけ古典的なものがいいのですが――読むようにします。それには長いものがいい。

たとえば、確実によいと思うのは、「水滸伝」とか「西遊記」とか、それから「三国志」です。なにか一つ「真書太閤記」のようなものもなければ、日本の武士《もののふ》の戦いぶりがわかりません。

あんなものを読ませたからといって、のちに、じっさい人を切ってみたくなるというふうな、ばかなことはありません。

あれは、からだの、つまり筋肉のポーズをあのようにする、ひいては情緒のポーズをあのようにするのに過ぎないのです。

それを、じっさいに刀で切るということに使ったり使わなかったりするのは、高等学校のときに、じゅうぶん自己反省ができているかいないかによってきまるので、歴史もそのとおりです。

アレキサンダーの話や、シーザーやナポレオンの話、あるいはアッチラの話、そういうものを全部抜いてしまったなら、それはさっぱりものの勢いというもののわからない歴史になってしまいます。

ああいった人たちのやったことそれ自体が、いかにもつまらないものであるということ。それから、ああいった人たちがはなばなしく動いた陰に、大勢の人が死んでいるということがあるということ。

そういうふうなことは、あとで第三期として述べる高等学校の三年、大学の一、二年というころになれば、自分でわかってきます。いけないことは、やりはしません。

あれは、ただ木の枝ぶりのようなもの、あるいは水の流れるときの勢いのようなものなので、全部抜いたら変なものです。

さきにあげたもののほかに「巌窟王」なんかもいいかもしれない。「レ＝ミゼラブル」あたりもいいかもしれない。ともかく、厚いものにかぎる。

それを速く読ませることです。

なるだけいけないもののないのを選びますが、「真書太閤記」くらいならそう悪くはないでしょう。

桶狭間《おけはざま》の戦いのとき、信長がすずしかなんかを着て、「敦盛《あつもり》」を口ずさむ。

「人間わずか五十年、下天《げてん》のうちを較《くら》ぶれば、夢《ゆめ》まぼろしの如くなり……」

そうして、さっと桶狭間に切りこむ、しのつく雨をついて三千騎。

ああいうのは、やはり、読ませるといいのです。本を読むという中で、ひどく勢いがつきます。

だいたい情緒というものができてしまって、そして、外への出口がつくと、この時期が来ます。

この時期にはこういうことをさせるべきです。

知性開発の第２期

もう一度知性に立ちかえります。

大脳側頭葉は記憶・判断をつかさどる。その記憶については、１でいいました。ここでは、判断です。

大脳前頭葉の命令によって、側頭葉が判断します。これは衝動的でない判断です。古人のことばでいえば、正しく分別智が使えるようになることです。

２の時期では、これができるようにしなければなりません。

むかし、禅の人たちは、真智が大事であるから、邪智はもちろんいけないが分別智もいけない、といった人が多かったように見えます。

それはそれで、やる道はありましょう。

しかし、わたしたちの西洋流の教育とは、ぜんぜん相容《あいい》れない。

ところが道元禅師などは、分別智は使うほうがよろしい。しかし使うからには使い抜け。つまり、トンネルは通ったほうが早い。しかし、通りかけたら中で止まるな、外まで出てしまえ。こういっているのです。

「正法眼蔵」には随所にそういっておられるし、また道元禅師のやり方もそうです。

分別智のトンネルを突き抜けるためには、ともかく、このトンネルに正しく歩みこむことを覚えなければいけない。で、分別智を使うことを覚えるのです。

分別智を使うというのはどういうことか。

教育というのは、だいたい、わからせるということです。

つまり、理解するということです。これが分別智です。

つまり、大脳前頭葉の命令による判断、これは理解するということです。

この理解ができるようにすることが大事です。

理解にとどまったら、いまいったとおりトンネルです。しかし理解できなくては、これはもうさっぱりしようがない。

で、理解するようになるのが、この2の時期にやるべきことなのです。

数学でいうならば、方程式を立てるのがそれです。立てた方程式を解くのではない。方程式を立てる。つまり、文章を方程式に表わすのです。

これができる人は、いまは少ないのです。

なぜ少ないかというと、1の訓練ができていないからです。前頭葉の命令による記憶で、しばらく覚えているという練習ができていない。だから、文章を方程式に直すことがなかなかできない。

できても、自信がないのです。

方程式を立てるだけ立てて、そして解かずにおくことは、立てて解くよりむずかしい。立てただけで、これでよし、という自信をもつことは、それを解いてそうするよりもむずかしいのです。文章を方程式に直すだけ。これを方程式を立てるというのですが、これができなかったら、できる高等数学は一つもありません。

高等数学をやるためには、ぜひここを通らなければなりません。ところが、実際教育にたずさわっている人はおわかりでしょうが、いま、方程式の立てられるものは、三十人にひとりも、とうてい、いないでしょう。

しかも、それを立てられるまで教えるのではないでしょう。ごまかして通るのでしょう。

そうすると、あといろいろ習ったら方程式は立てられるようになるか、といったらそうではない。

いつまでたっても、立てられないまま残るのです。

傷は年とともにだんだん小さくなるのではありません。松の幹につけた傷と同じように、成長するほど傷もまた大きくなるのです。

傷を直すには、立ちもどって、方程式を立てさせることからやらねばなりません。

そして、方程式を立てさせるには、右足・左足と粛々と歩き出すこと、つまり、1の時期からやり始めるのが、むしろいちばん早い。

2はだいたいそういう時期です。

知性開発の第3期

知性開発時代の最後は中学三年と高等学校一、二年の三年間です。

この期間は一口にいって、精神統一を強くするひじょうに大事な時期です。これはだいたい2のころから始まってだんだんできるようになり、中学校三年から高等学校一年で、精神統一の頂点に達します。高等学校二年はその続きです。

以前は丸暗記ということをさせましたが、これは試験のまえに丸暗記する、試験がすんだら忘れてしまうというふうな丸暗記です。これは、1のところでいった、大脳前頭葉の命令による側頭葉の記憶の様式です。つまり、大脳前頭葉による丸暗記です。

これがいちばんうまくなるのが、だいたい中学校三年か高等学校一年のころです。

つまり、丸暗記によって、一時覚えてすぐ忘れるというそんな記憶力が最高潮に達する時期が、また、精神統一の最高潮に達する時期なのです。

このような記憶は、記憶ではなくて写象《しゃしょう》だといった人がありましたが、いまでもそんなことばを使いますかどうか。

この精神統一は、脳幹部の働きだとわたしは思います。

大局から見ますならば、3は、殻《から》を突き破って外に出る時期で、出たらそこは高等学校三年、大学一、二年です。

この3の時期は、こんなふうである、という説明だけでじゅうぶんでしょう。やるべきことは、自分でちゃんとやります。

外に出ればそれでいい。外に出るために、殻を突き破って出るために三年かかるというわけです。

精神統一がふじゅうぶんであったら、ついにこの殻を破れないという時期であり、またその殻を破ろうとする始まりの時期でもあります。

この殻を破ろうとする時期に成熟のしるしがあるのです。まえにいいましたように、高等学校一年のときに成熟のしるしがあるとするならば、中学校三年まで成熟し続けていることになります。

これで、成熟はできるだけおそいほうがよいというのがおわかりいただけると思います。

成熟すると、やや精神統一ができて、それでおしまいです。あとはそれを練習して、強くするのでしょう。

一口にいえば、やや精神統一ができる、といえば、やや体取もでき、やや意義もわかる、そういうところです。

これでいちおうできた、ということになります。

しかし、これでできたというのはふじゅうぶんなので、男ならば二十歳、女ならば十八、九歳と、なぜできあがりの早さが一、二年ちがうかということになります。

なぜちがうか。なにか手を抜いてあるのだろうか。

そうではないのです。女性の、情から知と行くのがうまい行き方で、知から情と行く男性の行き方はへたなのかもしれない。

それはひどく手間がかかるのです。

情から知と行けば、なにか形となって残ります。つまり情緒とまとまって、それが残ります。まとまれば、それをつかんだらいいのです。

ここまでで、1、2と、3の始まり、つまり精神統一のころまでは、これでいちおう完結します。

このころまでに、頭が完成します。

そのしるしとして、成熟のしるしがあった。そうするとこれもまえと同じで、いちおう完成すると、つぎのものの始まりが来ます。注目すべきものが来ます。

第二次知的興味の時期です。

まえに見たように、第一次知的興味というのが六つのときにありました。ここの高等学校一、二年というのは第二次知的興味の時期なのです。

これは、実に変な興味をもつ時期です。

わからないからおもしろいというのです。

もちろん知的興味だから、わからないからおもしろいにちがいないけれども、第一次では驚きというふうなのが多いのです。

「ここに、なぜ坂があるの。」

というのには、多少驚愕《きょうがく》の意味があって、おもしろいの意味は少ない。

まえのはエクスクラメーション＝マーク（!）のような意味であり、こんどのはインタロゲーション＝マーク（?）の意味です。ほんとに、よほど知的興味に近づいています。

ともかく、もたそうと思えば、変なものならなににでも、みんな興味をもつように思われます。

そこでわたしは、この時期に変なものを見せないことだと思います。

わたしはこのころを、「真夏の夜の夢の時期」と、ひそかに名づけていますが、これはいっぱんにいっていいのではないかと思っています。

「真夏の夜の夢」は、もちろん、シェークスピアのそれです。

その中で、ろばの耳を見た皇后さまが、ろばの耳をもった人でなければ、夫として、ついに満足することができなくなります。

だからあまり変なものを、この時期に見せないようにというのです。

わたしはこの時期に数学をやりました。クリフォードの「数理釈義」を読みましたし、その定理を二か月近くも用器画に描きました。

それで、数学をやらなければ満足できなくなってしまったのだと思います。もっとも、「真夏の夜の夢の時期」になぜそんな用器画を描いたかというと、たぶん、生まれてから一度も、そんなものを見たこともなかったから、神秘だなあと思ったためだろうと思うのです。

男性ならこの時期は、感激ということのわかる時期といいますか、感激するということのできるようになる時期であるし、女性なら（情から知に向かうので、なにか形となって残る。つまり情緒となってのちまで残りますので）感銘とでもいうのでしょうか。ひどく感銘させられた情緒の残る時期なのです。

もう一つたいせつなことは、この時期は人の心の種まきの時期といえます。

これは男女とも同じだと思います。

他の時期でも種はまけますし、種がはえればある現象がおこるでしょうが、このときまいた種は特別なのです。それがはえれば、その人の一生をきめてしまうというふうな、そういう種をまく時期だといえると思います。

この三年間、つまり中学校三年と高等学校一、二年の3の時期は、1、2で得たところを一まとめにし、殻を突き破って、広い天地に知性が出ていく時期です。

それは、自分のまいた種がはえているようなものなのです。

そのまえもあとも、もちろんそうですが、小・中・高校の時期を通じて、児童・生徒を人の正位におらせることが大事です。

なぜかといいますと、四悪道にあっては、頭が人らしく発育しないからです。

教育の目的は、小・中・高校までくらいは、頭をよく発育させるにあります。

もっとも、小学校入学まえの二年と小学校一、二年のあいだに覚えさせたことは、忘れないのですから、これだけが、頭を発育させること以外の目的ということになりましょう。

ここで、3の知性開発の時期をもう一度見ましょう。この中三・高一、二の時期は、純粋童心の時代と対比してみますと、自然数の一を体得している純粋童心の時期とたいへん似ているのです。

これはなにも知性だけではないのですが、とくに知性についていいますと、2の時期が終わると、まえの童心のところと対比しますと、出てきた順序数がわかり、そして、この3の時期を過ぎると、自然数の一がわかるようになるとでもいう時期なのです。

情・意についても同じで、この3の時期に、自然数の一に相当するものができあがっていくと思われるのです。

そうしてから、大脳前頭葉がほんとうに働き始めるということになるのです。大脳前頭葉が働き始めるとはどんなふうになるかについては、のちに申します。

それで、もう一度、生まれて十六か月前後の子が、自然数の一を体得しようとしてどんなことをしていたか、思い出してみましょう。

ともかく、この子は、菓子を一つ手に持っていたら、他の菓子を持とうとすれば、持っていたのを捨てる。

なにか口に入れていて他のものを入れようとするときは、たとえかんでいてもそれを吐き出してから入れる。

一時に、厳密に一つのことしかしない。

それから繰り返し繰り返し全身運動を行なう。複雑な、種類のちがったいろいろな運動を行ないながら、たえず自分というものを、しっかり把握して離さない。

こんなふうにやっているのですね。

ここにあげたようなことば、菓子とか口とかいうのだけはちょっと困るのですが、それをもうすこし抽象的なものに置き換えさえすれば、いまいったことがそのままこの時期にあてはまると思います。「菓子を持っている。」というのを、「ものを把握している。」というふうにすれば、「なにか一つのものを把握している。他のものを把握しようとするときは、そのものを捨ててからでないと把握しない。」

また、「食べものを口に入れる。」といっているのを、たとえば、

「ある知識を咀嚼《そしゃく》しつつあるとき、他の知識を取り入れようとすれば、それを吐き出してしまってからでないと取り入れない。」

こんなふうにいい直せば、そのままあてはまるのです。

これは、多種多様なものを、あらゆる角度からやらせるのがよいと思います。

そのあいだはたえず精神統一をするのですから、その繰り返しによって精神統一ができるようになります。

統一は脳幹部が行なっているのでしょう。脳幹部は、そのとき情緒を統一し、意識を統一するのでしょう。

それができるようになったとき、大脳前頭葉がほんとうに働き始めるのです。

で、これだけのことを繰り返し繰り返し練習する。一時に一つというのがなによりも大事なのです。

意志の教育

さきに、知・情には中心があるけれども、意は中心をもたない。意志は小学校から高等学校二年までの十一年全体を通じて、だんだんできていくものであろうといいました。

いま、知・情の十一年間、つまり、大自然が人の子を教育する第一、二期が終わったところで、この意志だけを取り出して述べましょう。

この意志に二義があります。

大脳前頭葉の抑止する働きと、情緒の中心が命令して大脳前頭葉が意欲する働きとです。その抑止は自由意志でできますが、意欲は自由意志ではできません。

抑止については、じゅうぶんいったので、意欲のほうを申します。

抑止がじゅうぶん働くと、人の正位を踏みはずさない。だから、あとは強く意欲してくれればくれるほどよいのです。また感情も人らしくなってきます。

感情についてはずっといってきましたから、あとは、意欲はどうすれば強くなるかということです。

自分のよい例を述べて恐縮ですが、善悪ともに自分の例を引かなければ詳しく知らないので許していただきたい、と思います。

小学校から始めます。そのまえも要ることは要るのですが、あとを申しますと、そのまえはどうすればいいかということは、ひとりでにわかります。

わたしは、小学校三年のころから「日本少年」という雑誌をとってもらいました。

「日本少年」がくるのが、実に待ち遠しかった。もう売り出されるまえ、一週間ぐらいまえからは、たえず来ていないかと、いつもの本屋をたずねる。

「来ています。」と渡されたとき、どんなにうれしかったでしょう。

家に帰りながら封を切ろうか切るまいかと、実にあけてみたいのです。

見たいのだけれど、見てしまったらもうわかってしまうから、おもちかなにか、おいしいものを食べてしまったときのような気持ちになるから、知らないものを見るという楽しみがなくなるのが惜しいのです。

それでためらうのですが、ついには、封はたいてい切ってしまいました。きれいな表紙を見ると、つぎには続きものが見たくなるのです。

しかし、これは読んでしまったらそれっきりになる。続きものは読むまえに、「ああなっているか、こうなっているだろうか。」といろいろ想像してみるのです。

それがたとえようもなく楽しみなのでした。

ずいぶん意欲していることが、わかっていただけるのではないかと思います。

これが大事なので、読むことではないのです。

それから中学校へはいってから、読むものがなくて困りました。寄宿舎にいたのであたえられなかったのです。

試験休みに進級の発表があると、そのとき教科書を売ってもらいます。

買ってきた教科書を、帰ってから読もうと思うと実に楽しみでした。

帰ったらいちばん好きなものから読み始めるのです。

下級生が上級生のを見せてもらったときのほうがおもしろかったのですが、歴史・博物、それから国語が好きでした。

数学がいちばん嫌いで（これはけっして読まない。）つぎが物理・化学でした。物理・化学は、あまり読みたいというほどのものではありませんが、それでも、「どんなことが書いてあるか。」と思ってすこし繰ってみました。

習字の教科書などなかなかおもしろかった。字がおもしろいのではなく、書いてある文句がおもしろかったのです。そんなふうで、物理・化学・数学以外は、一字も残さず読んだと思います。

これが意欲です。

それからとくに中学校の教え方ですが、あのころは知性で申しますと、夜が明けようとしてなかなか明けきらない長い夜明けの時期です。

それにたとえられます。

目覚めようとして、まだ眠っているものが心の中にいろいろあるのです。

いわば、浅い眠りを揺り動かして目覚めさせる、こういうやり方をなさる先生の授業はみなおもしろい。

よい先生がくふうなさってお教えになれば、どんなふうにくふうなさっても、けっきょくそういうことになるのでしょう。

まさに目覚めようとしている心の中のものを揺り動かしてもらう。じょうずに揺り動かしてもらうとひどくおもしろいのです。

これも意欲ですね。

ですから、教育は、意欲のほうに目をつけてすることだと思います。

意欲をおこさせるというふうに教えることです。

それから大きくなってのち、どうするか。

理想をあたえるのがよろしい。理想は高いほどよろしい。しかも、いろいろな理想をあたえなければいけない。そのあたえ方はいろいろありましょう。

たとえば理想の人をあたえます。

これも、大勢あたえたら、そのうちどれかひとり取ります。

それから、たとえば感激しそうなことをあたえます。

これもたくさんあたえる。そうすると、身に合ったものを取って感激します。

あるいは、感銘しそうなものをあたえる。これも、いろいろあたえますと、そのうちから、やはり身に合ったものを一つ取って感銘します。

いずれもみな、一つずつしか取らないでしょう。三つに分けてあたえるにはおよびません。どれか一つ取れば、あとは取らないかもしれません。

理想の人を取れば、あとの二つは取らない。それからとくになにかのことに感激すれば、あとは顧みない。あるいはなにかのものに感銘すれば、他は顧みない。

男・女性によってもちがうかもしれません。しかし、どれか一つもてば、それはもう、目標を高くかかげることになる。

第四章　教育に東洋の秋を

――構造学習と大脳生理の一思案

森本弘

本章のもととなる原稿は、森本弘が、和歌山県の清水小学校の校長であった上田正隆から、戦後の国語教育確立に深くかかわった沖山光の「構造学習」の方法論を教えてほしいと請われ、その当時の沖山の最新作『表現学習における構造思考』（一九七一年）を送られたことに端を発します。森本は、その依頼にこたえます。森本は、沖山の「構造学習理論」だけにとどまらない、岡潔から学んだ教育哲学を私信としてつづり、上田へ送りつづけました。上田は、この百十数枚にもおよぶ葉書を自分ひとりで死蔵するのはあまりにもったいないと考え、一九七二年に冊子としてまとめます。本章は、その冊子からとくに重要と思われるおよそ半分を収録しています。さまざまな教育の現場で岡潔の教育哲学を実践してきた森本弘が書き下ろした、いまなおその輝きを失わない出色の教育論です。

（編集部）

第1信　明日の教育理論

おはがきをありがとうございました。研究に打ちこまれる様子、彷彿として浮かんできます。『表現学習』の書、まだ第三章の初めごろまでしか目を通していませんので、全体についての感想を述べるところへはいかないし、表現学習の具体的な方向について沖山先生のお考えをつかむところまでは、いっていませんが、あんなお便りを差しあげてあるので、断片的なことですが、全体をつかむまでの、間ふさぎに少しずつ感想を書いてみます。

一二ページ「思考する」ということは、一連のプロセスである。

三九ページ　文字、語、句、文、その結合法則に関する学習は『学習構造』の中で「基礎学習」として位置づけておいた。この基礎学習に対して、理解するとか表現する言語行為は、学習者主体の個人の能力を育成することをねらいとしており、基礎能力の土台の上に立って、おのれ自身を作りあげ、育てあげていく活動である。これを「基本学習」として位置づけるのが構造論である。

岡潔先生は「いろいろの人の説をつぎはぎしているような人は、知識が豊富でも学者とは言えない。学者とは自分の考えを確立し、その考えが今までになかった創造である新しい分野を開拓している人を言うのだ」と言われたことがありました。そういう観点から眺めると、沖山先生は正しい意味の学者だと思います。

学習を基礎学習と基本学習に区別した発想はすばらしいと感じます。

広岡亮蔵氏に『基礎学力』という本があります。それは、沖山先生の基礎と基本をごちゃまぜにした立場で書いています。その本から具体的に、どういう学習をやらせようかと考えても、うまく方法的に具体化できにくいなと思ったことがありました。

ところで、本を読むとき一番大切なことは、学習には基礎と基本の二つの分野があることを知るという受けとめ方でなく、この三九ページのこの文章に到りついたとき、「あ、こいつだな」と思い、これだこれだという喜びの心が湧かなければ、読んだことにはならないと思うのです。

子どもたちと本当に学習に取り組み、実践に苦労している人なら、このところで、知識ではなく喜びを得るはずです。それほど根源的な立場からの記述で、沖山先生の構造論の全貌を語りつくしていると思います。ところで、岡先生は「戦後の新教育はアメリカのデューイの理論に基づいた教育だが、デューイの教育は非科学的でだめだ」と言われています。「教育は大脳の働きによる営みであるにもかかわらず、大脳の生理に照らしてみると、デューイの教育論はまちがっている」と、そう述べていられます。

「大脳生理に基づく教育」これは明日の教育理論です。

大脳の働きのことは、時実氏が書いているし、時実氏の指導による実践学校が神奈川県に二、三校あり、その学校の実践記録が時実氏の理論と共に一冊の本にまとまっています（教育事務所の深瀬主事さんから借りて読みました）。けれども、実践例は旧態依然としたもので、あんまりパッとしていません。

そこへいくと、沖山先生の理論と実践例は密着して、本当に教育の創造だと言えます。大脳生理に照らしてみてもピッタリと合致しています。

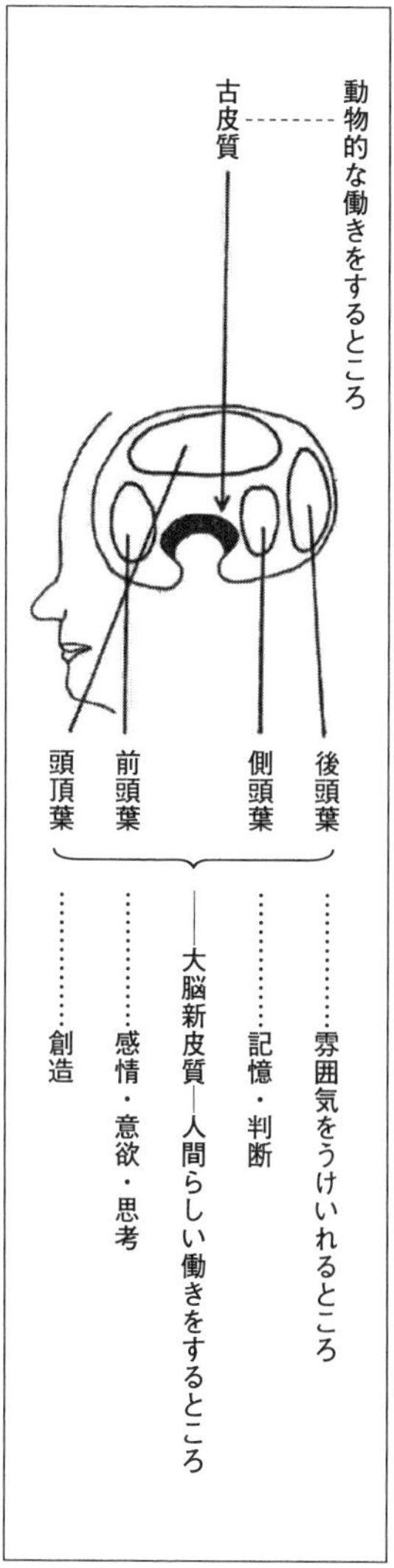

そこで、三九ページのところを大脳生理に照らして、一応考えておくことは無駄でないと思うから、そのことについて考えておきます。

時実氏は創造を前頭葉の働きと言っているが、岡先生は創造は頭頂葉の働きだとしています。そして「時実さんは自分で学問の創造をしたことのない人だから、創造を前頭葉などへおいているが、自分で創造したことのある者なら、それは頭頂葉の働きだと、すぐ分かる」とそう言っていられます。

第2信　思考のプロセス

頭の働く働き方（頭の使い方）に二つの型があります。

（1）前まわりの使い方……頭頂葉→前頭葉→側頭葉……西欧人の使い方（関東地方の人に多い型）

（2）後まわりの使い方……頭頂葉→後頭葉→前頭葉→側頭葉……東洋人の使い方（関西地方の人に多い型）

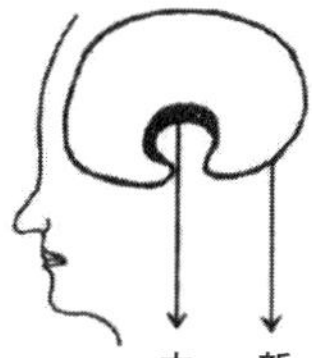

新皮質（人間らしい働きをする皮質）

古皮質（動物的・本能的な働きをする古い皮質）

その新皮質を四つの部分に分けて

頭のてっぺんのところを　頭頂葉→情操の宿るところ　創造の座　神仏の心の分かるところ

額のところを　前頭葉→情緒の宿るところ　感情・意欲・思考の座　人間の心・知性（第一の心）

こめかみのところを　側頭葉→記憶・判断の座

後ろのところを　後頭葉→雰囲気をうけとめるところ——人間の心（第二の心）

教科課程や指導要領などみんな（1）型の頭からできたものです。だから関西の（2）型にピッタリ来ないのです。

一二ページの「思考する」とは一連のプロセスだと述べています。そのプロセスは、

みとおし↓たしかめ↓まとめ

という過程です。

みとおしは、後頭葉ないし頭頂葉の働き

たしかめは、前頭葉の働き

まとめは、側頭葉の働き

です。すると、思考のプロセスは、

後頭葉（あるいは頭頂葉）↓前頭葉↓側頭葉

という順序で頭を使うことになります。

こういう使い方が正しい使い方なのです。このことについて、岡先生は「前頭葉が命令して側頭葉を使うのが正しいので、前頭葉を抜きにして側頭葉を使うのは危険だ」と言っていられます。

沖山先生は次のように書いています。

一一ページ　今も広く一般に行なわれている授業風景というものは、教師のひとり芝居である。生徒は拝聴しているといった全くの観衆であり、すれ違いの受身の教育である。この教

育形態は人間を暗記機械にするだけである。

一問一答式の教育や知識理解のためだけの授業は、側頭葉に働きかけている教育や授業です。側頭葉に記憶と判断の座があり、前頭葉の命令なしに側頭葉を使わせていると、記憶も判断も機械的なものになります。

教師中心の授業が、なぜいけないのかというと、それは前頭葉を抜きにして、側頭葉を働かせる教育に陥っていくからです。一一ページには、続けて次のように書いています。

こうした（教師中心）教育形態をとりながら、「主体性」とか「思考する」とか「創造する」などといったところで、そのような方向に教育されていないのであるから、このスローガンだけが風にはためいている姿である。

「主体性」も「思考する」も、みな前頭葉の意欲と感情および思考の座の働きによるものです。昨日のハガキへも書いておいたけれど「創造する」働きは頭頂葉の働きです（時実氏は創造の座を前頭葉においていますが、岡先生は頭頂葉においています。私は岡先生の説の方が正しいと思っています）。

教師中心の授業は、生徒に前頭葉をほとんど使わせず、まして、頭頂葉を全く使わせないのだから、頭頂葉の「創造する」働きなど育ちようがなく、ほとんど前頭葉を使わせない授業などで、思考力の育ちようがないのです。主体性の育つ根本は前頭葉の意欲（意志力）にあるので、その意欲の要素の一つである、抑止力を育てるのが根源であるにもかかわらず、前頭葉を抜きにして授業していては、主体性など育つはずがないのです。

少しくだくだしくなるが、このことについて、もう少し述べておく必要があるので、そうします。

第3信　主体性の育ち

時実氏のように「創造」の座を前頭葉へおくと、前頭葉を使うと創造性が培えることになりますが、岡先生のように「創造」の座を頭頂葉へおくと、前頭葉だけ使っていたのでは、創造性は養えないので、どうしても頭頂葉を使う教育をしなければ、創造力のある子供を育てられないということになります。

沖山先生の思考の一連のプロセスの三つの段階は、

第一段階　みとおし（洞察）は　頭頂葉
第二段階　たしかめ（検証）は　前頭葉
第三段階　まとめ（整理）は　側頭葉

という使い方のプロセスです。このプロセスをふむことにより、大脳新皮質のことごとくを使うことができる授業となります。

「主体性」は、どのようにして育つかを、次に考えてみます。

このためには、まず「意識」することと、意識できない「無意識」のことについて述べる必要があります。

「意識」は、前頭葉（それに側頭葉）の働きです。頭頂葉と古皮質は「無意識」に働くものです。

古皮質は、本能的、動物的な心の生じる所です。性欲・食欲・睡眠欲・闘争欲すべて古皮質から欲望が発します。これらの欲望の根本は自我で、いわゆるエゴです。自己本位で、盲目的に生き続けようという欲望です。生命維持の本源です。

古皮質のことを動物の皮質、それに対して新皮質のことを人間の皮質とよびます。古皮質は十数億年以前から長い年月を経て形成された皮質で、人間と人間以外の動物とに共通している皮質です。ここから生じる心は、欲望という形式であらわれる自我本位、エゴの心です。

それに対して、新皮質はその形成に、せいぜい数千万年しか経ていない皮質で、人間だけに発達した皮質です。この皮質から生じる心が「人間らしい心」で、前頭葉は知性、頭頂葉はエゴの否定というような心が生じます。古皮質からの心を小我と名づけるなら、新皮質からの心は大我を指向する心といえます。

ところで教育とは、古皮質の心を育てて、動物と同じ人間を形成していくのか、新皮質の心を育てて、人間らしい人間を育てるのか、それはもう、論を待つまでもないことです。

新皮質の心、人間らしい人間を育てる第一のポイントはどこだろう。それを考えてみます。

性能のよい車は、スピードが出ると共に、ブレーキのよくきくことが大切です。ブレーキのきかない車は危険です。古皮質から生じる欲望はスピードにたとえられます。これにブレーキがつく――つまり、欲望がある限度に達するとそれを止めるという作用ですが、他の動物には、このブレーキが、古皮質の中に自動的に備わっています。

にわとりを放し飼いにしていた昔、養鶏をしていた人から聞いたのですが、餌を食べるだけいくらでも与えたら、胃袋が破裂して死んだのがいたそうです。食欲は生命維持になくてはならぬものです。いわば、車のスピードです。ところが胃袋に満ちたら餌をついばむことが止まるのが普通です。止まるとはブレーキです。ところが、死んだにわとりは、いっぱいになってもスピードを出し続けて死んだわけで、ブレーキのこわれている車と似ていたのです。

このスピードと共にブレーキが古皮質に自動的に備わっているのが他の動物です。しかし新皮質が発達した人間だけは、このブレーキの働きが古皮質から新皮質へ移りました。新皮質へ移ったブレーキを「抑止力」と名づけます。

第4信　大脳の働き・情態・方向

人間以外の動物のブレーキは、古皮質に備わっていて自動ブレーキです。動物自身が止めようと意志しないでも、自然に自動的に欲望が、ある限度まで来ると止まります。

けれども人間のは、古皮質のブレーキが新皮質へ移り、しかも自動ブレーキの形でなく、人間自身が自分で止めようと意志して止めなければならぬという形のブレーキです。いわば、意志を働かせて止める「意志ブレーキ」に変わっています。その意志ブレーキを「抑止力」と名づけます。

すると、人間を教育する手はじめは、まずこの新皮質の「抑止力」をしっかり育てなければならぬということが考えられます。

自主性とか主体性とかいうものの成立の根源は、この抑止力にある。そう私は思っています。

私は九度山中学校で四年間勤めました。生徒は温雅でよい学校でしたが、年に二人か三人ほど問題の行動の生徒がありました。その生徒たちのお母さんと、その都度お話をしましたが、そんな生徒の共通点は、幼稚園ごろまでの間、お母さんが非常に甘やかして育てたということでした。

つまり、甘やかすというのは、抑止力を育ててやらなかったことで、ブレーキの不備な車のような子供に育てていたということです。具体的に書くと長くなりますので、もう少し後で書くことにします。

欲望というのは、かなえられるとそれで止むという性質でなく、かなえられると更に次へとエスカレートしていく性質をもっています。だから一度欲望のとりこになると、次から次へと欲望がふくらみ、止まるところがないのです。それをある程度で止めるのは、抑止力の働きによるのです。

人間の新皮質に移ったブレーキ、抑止力は自動ブレーキでなく、意志を働かせて止める意志ブレーキだといいました。

人間の存在が本質的に「自由」であるということの意味も、このことにつながりがあります。自然に止まるというのでは、意志が働かないから、必然があっても自由はありません。止めようと意志するということは、止めないでおくこともできるわけで、止める方を選ぶか、そのまま続けるか、自分で選択決定できるわけであって、選択できること、自分でそれを決め得ること、それが自由と自主性の本源です。人間が自由であるためにも、自主性をもつためにも、抑止力を新皮質にしっかりと備える教育が何よりも先決です。

抑止力は新皮質の四つの分野の中の前頭葉に備わります。前頭葉には、感情と意欲と思考の座があるとされています。抑止力は、この三つの座の中、意欲の座に属する働きで、意欲というのは「意志」ということばと同義です。意志には持続していく面と抑止していく面の二つがあります。これは一つの物の裏と表で、もともと一つのものです。

前頭葉の三つの座、感情・意欲・思考を一まとめにして、ここの心を「情緒」といいます。感情を情、意欲を意、思考を知といいかえるならば、情緒は昔からいう知・情・意の三つの働きの総称ということになります。

知は情緒の働き

情は情緒の状態

意は情緒の方向

こう区別することもできます。情緒の教育とは、前頭葉を主軸にした教育のことです。それは情ばかりでなく、知も意も含み、そのうち、意の抑止力が人間教育の土台の一つだということを述べました。

第5信　人間独自の脳

さて、人間独自の脳である新皮質中、人間らしい心の働きの中心が前頭葉で、ここは人の心、つまり情緒の宿るところだというところまで書いてきました。

また、前々の便りに、前頭葉は人間の座、頭頂葉は神仏（大我）の座、古皮質は動物（自己本位・エゴ・小我）の座（または、生命の座）とも言ってきました。

前頭葉と頭頂葉、そして古皮質の関係を考えてみます。

頭頂葉も古皮質も、そこから生まれる心は無意識です。それが心の働き・方向・状態として意識できるのは、前頭葉においてです。

前頭葉の心を情緒と名づけると、古皮質の心は「情動」、頭頂葉の心は「情操」とでも名づけられます。情動も情操も古皮質や頭頂葉に生じている間は、私たちの意識にはのぼらない。つまり、無意識の状態で存在しているのです。

情動や情操は、前頭葉の感情の座へ流れて来て、ここで初めて意識にのぼります。意識にのぼったものが「情緒」です。だから、私たちは、情操も情動も自分のうちにある心でありながら、それを意識できるのは、前頭葉の感情の座にのぼって、はじめて自分の心として自覚し、意識できるのです。だから、私たちが意識し得る心というものは、「前頭葉の心」つまり、情緒において

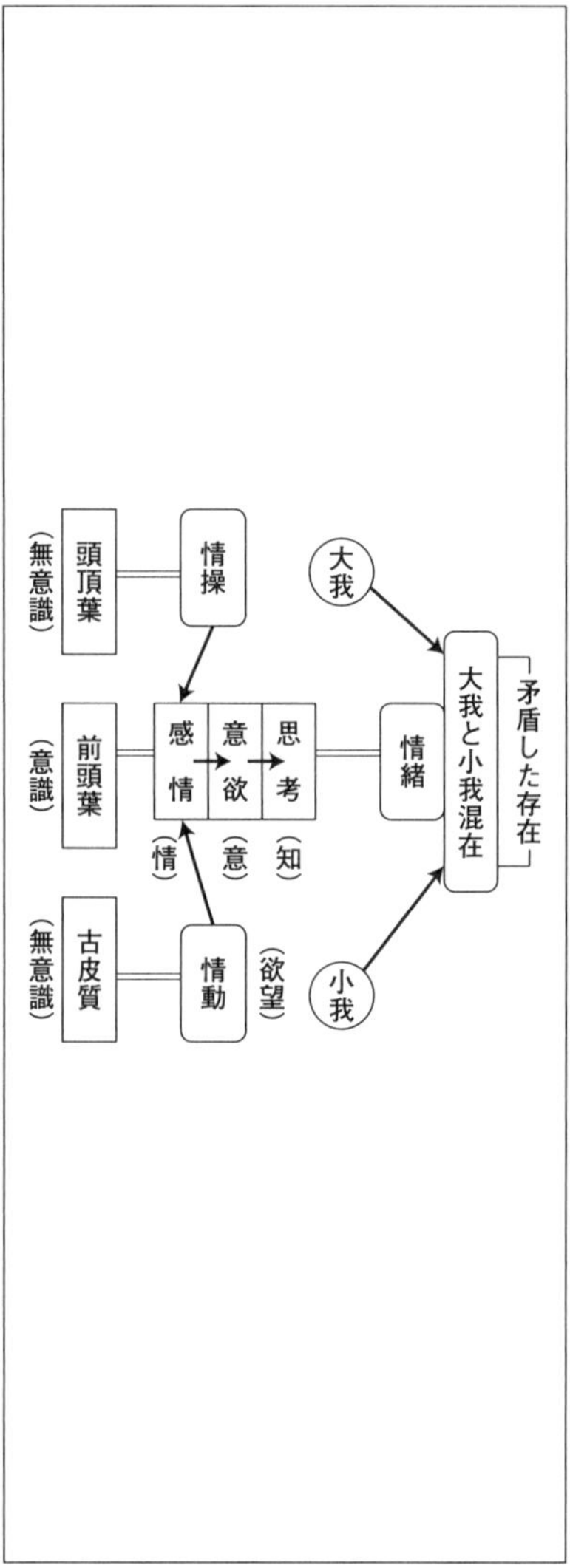

なのです。

教育の本質は「情緒の教育」であって、その「情緒の教育」によって情操を培い、情動を調整していけるのです。

沖山先生の「深層」というのは、無意識のところを言い、「表層」とは、意識のところを名づけていると、私は解しています。だから、深層には、頭頂葉に属するものと、古皮質に属するものとの二つがあります。

沖山先生のは、頭頂葉に属するものを指向していると、私はそう受けとっています。古皮質に属するものを深層としているのは、フロイトの心理学です。フロイトは、われわれの行為（行為をおこす原動力は、行為を起こさしめる心があるからです。その心を心の法則、つまり「心理」と名づけるなら、心理の根源）をリビドー、つまり「性」におき、子供の木のぼりすら、そうする根源は「性」の欲求を満たすことだと、述べています。

性欲も食欲も欲望のもとじめを自我だとし、自我の本質をエゴと見、盲目的に生へ執着する心、そういうものを小我と名づけ、これを古皮質の本体としているのが、岡先生です。ここは、他の動物と共通しているので、欲望充足を本体とする教育は、人間を動物化する営みで、教育という名に値しないわけです。

第6信　思考の東洋的と西欧的

古皮質からの心を小我と名づけるに対し、頭頂葉からの心を大我と、岡先生は名づけています。するど、小我は情動、大我は情操とみなせます。

大我を大我と自覚し、小我を小我と自覚するのは、それが前頭葉へ流入して、ここで意識としてのぼって、はじめて自覚するのです。前頭葉へ流入するというが、前頭葉の三つの座の中の感情の座へ流入するのです。

古皮質の情動と頭頂葉の情操は、ともに前頭葉の感情の座へ流入して、無意識であった情動と情操が、意識として自覚されます。これを「情緒」というのです。だから、私たちが意識しているかぎり、それはすべて情緒だといえます。情緒はまず感情の座で意識するのですから、情として自覚されます。つまり情緒は、まず状態として意識され、続いて意欲座を刺激し、方向として意識され、思考の座へ波及して、働きとして動きます。つまり、情から意へ、意から知へと情緒が動き働いていくのです。

フロイトは、情動の面に根源をおき、東洋人は、情操の面に根源をおき、西欧人は情緒の中の知の面に根源をおきました。

明治以前までは、日本人は東洋の中で育ちました。すなわち頭頂葉を根源とした育ち方です。

明治以後は、西欧的に育てることに骨おりました。つまり、前頭葉の心の順序からいえば、いちばん末の「知」を根源とし、最近では、前頭葉の道具的存在でしかない側頭葉を根源とした教育に、おちいっていく傾向がひどくなっています。

沖山先生が、教師中心とか一問一答式とかいう表現で、そういう授業を否定されているのは、前頭葉のいちばん末の「知」の道具でしかない側頭葉を磨くことばかりに骨おっている授業から脱皮せよと、口をすっぱくされていると、私は解しています。

側頭葉には、記憶と判断の座があります。主として機械的にものを覚えること、機械的に判断することの二つの作用を営みます。ここだけを使う記憶と判断を、岡先生は、衝動的な記憶、衝動的な判断と名づけています。そして、「衝動的な記憶はさして問題でないが、衝動的な判断は非常に危い」と、何回もくり返して話をしてくださいました。そして「日本人のいちばん陥り易い点は、ややもすると、衝動的な判断になりやすい、そそっかしさだ」と指摘されています。

刀のつば（鍔）が江戸時代にたくさんの種類ができたが、それは、仇討が流行して、仇《かたき》を持つ武士が仇を探した。ところが姿かたちが、仇と似ていると、よく確かめずに、すぐ仇ときめて（判断して）切りつけるということが、しばしばだった。そこで、これを防ぐ必要から、つばが幾種類も工夫されたという例をあげられて、衝動的判断の説明をされています。

側頭葉は、前頭葉の命令をうけて記憶し、判断していくのでなければ、正しい記憶や判断とはならない。ことに、判断力はそうであると、たびたび話されました。

イデオロギーをたたきこんで（イデオロギーを側頭葉に記憶させせ）そのイデオロギーに当てはまるものはよし、当てはまらぬものは悪しとする。ものの割りきり方は、側頭葉だけを使うので、パブロフの犬が、鈴の音で、だ液を出すように、側頭葉に記憶に反射する判断の条件反射回路が、できているだけにすぎないのです。

側頭葉に重点をおく学習を「基礎学習」、前頭葉に重点をおく学習を「基本学習」と名づけています。『表現学習』の三九ページの記述は、このことを念頭におけば、沖山先生の述べられている意味を、はっきり把握できると思います。

第7信　創造の座は頭頂葉

『表現学習』の三九ページには、基礎学習と基本学習について、次のように述べられています（次ページの図解参照）。前の便りにも書きぬいて二重になると思いますが、大切だから重複をいとってておれません。

私は昭和二二年から二五年まで柱本に疎開したままで住み続けられた、岡潔先生に四年間お話を聞きつづけました。主として道元禅師の『正法眼蔵』を中心にした話でした。諸悪莫作の巻や有時（うじ）の巻は、強烈な印象となり、心に残っています。

大脳の生理のことについても、よく話をされました。その後、時実氏の『脳の話』が出版され、岡先生もこの著述を読まれ、大体私（岡先生）が思っていたことを述べつくしていると話され、その後、時実氏と二、三回は会って話をされたようでした。

そのころは、時実氏の説を全面的に首肯されているようでしたが、奈良へ移られてから、いつかお伺いした時には、創造の座について、

時実先生は、創造の座を前頭葉においていられるが、初めは、私もそうかと思っていたが、自分の頭の働きを反省してみると、どうもこのことだけは、変だ変だと思っていた。ところ

構造論 においては

ソシュール理論にしたがって「言語」と「言」と「言語活動」という概念を明確にし、理論を展開して来ている。

すなわち

表現活動や理解活動に使われる文字・語・句・文およびその結合法則に関する学習は「学習構造」の中で

基礎学習 と名付けておいた。

基礎学習は国語（文字、語、句、文およびそれらの結合法則）を吸収し、整理し使いこなせるようにと目がけていく静的な学習である。

この基礎学習に対して理解するとか、表現する言語活動は学習者主体の個人の能力を育成することをねらいとしており、基礎能力の土台の上に立って、おのれ自身を作り上げ育て上げていく活動である。これを

基本学習 として位置づけるのが構造論である。

これに対して、基本学習は構造を分析し再構造化していく

①理解学習と

分析した要素的な素材を構造化していく

②表現学習とである。

理解学習も表現学習も共に一連の行動である。今日のシステム時代の用語でいうならば、システム化の活動であり、システムにいどむ挑戦の学習である。

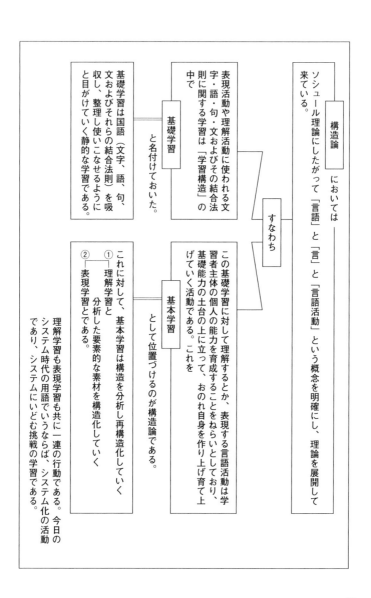

が、創造の座を頭頂葉へおいてみると、よく当てはまるので、私は創造の座は前頭葉でなく、頭頂葉にあると考えている。

と話されました。

話題には、芭蕉や芥川竜之介のこともよく出てきました。ある時、連句に話題がおよび、

なまらずに　ものいふ　月の都人
秋に手折《た》れる　虫食いの秋

というのを示されました。私は、しばらくこの句を反すうしてみたが、意味がよく分からなくて、「どういう意味でしょう」と尋ねると、「あんたには、今まで随分話してきたのに、まだ人にものを教えられて分かろうとするくせがなくならない。自分で分かるまで考えなさい」と強く言われました。

岡先生のお話から、教育の根本原理という面で、随分目を開いていただきました。それを、どう具体化しようかと工夫しても、なかなかこれだというものが考えつかず、方法を聞きかえすと、「自分で工夫せよ」と言われること、なまらずに……の句のとき同様です。考え続けているとき、沖山先生の構造論に出会い、瞭々とした具体、実践が樹《た》てられているではないか。「あ、これだっ

たんだ」私は、深い歓びを感じました。

基礎学習と基本学習に分けて、基本学習を一連の思考過程としてとらえて、それを具体化している。これは、沖山先生の創造の世界から所産されたもの、深く深く傾聴に値する思索と実践です。

第8信　みとおしの本質

沖山先生から『表現学習』の著書を戴いて、おことづけくださいまして、ありがとうございました。お借りしていたのを近いうちにお返しいたします。妙寺小学校での講演の内容いかがでしたか。研究会に参加できず残念に思っています。絵の方、深まっていたでしょうか。

さて、昨日の便りで、やっと構造論における表現学習の位置づけまで、たどりつきました。構造論から見ると、ほとんどの授業は、基礎学習ばかりやっているとさえ言えます。大工さんにたとえると、基礎学習は、のこぎりやかんなやノミやキリといった道具を集める学習、基本学習は、家の設計や道具をどこへどう使うかといったことを工夫する学習と言えます。

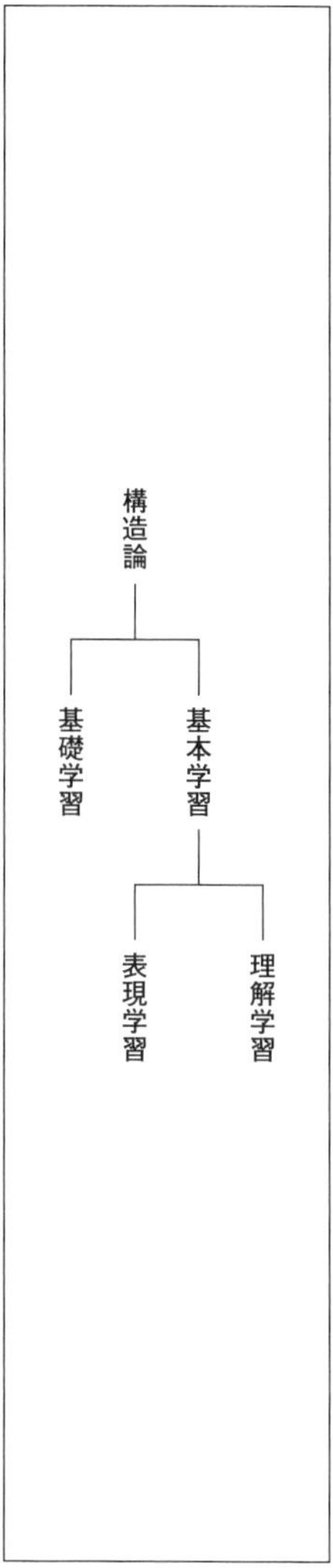

たとえですから少しずれている言い方ですが、まあそんなものでしょう。道具ばかり集めても家はたてられないし、道具がなければ、よい家はたたないけれど、どちらの方が、より根本かといえば、基本学習だと、ためらわずに言えましょう。

国語科における理解学習のプロセスは、「みとおし―たしかめ―まとめ」でした。洞察・検証・整理というようなことば、ないしその他のことばで言いあらわすにしても、学習の場でふむ過程の三つの順序を言いあらわそうとしているのは同じです。

この「みとおし」なんですが、関数をテーマとしている算数の授業を見たことがあります。問題を解くのに、子供たちは初めから関数の問題だということを知っていて、グラフを書いたり、比で解いたり、数表を書いたりして、いろいろの方法でやっている。

学習のプロセスは、思考のプロセスであり、それは正しい大脳皮質の使い方のプロセスです。「みとおし」というのは、問題をみて、子供が「これは関数で解ける」と思って、考えつくことです。はじめから、関数の方法でやれると分かっているなら、第一段階の「みとおし」を経ず、したがって、それは思考力を育てるいちばんおおもとのことを抜きにしているわけです。「みとおし」の根本は、ここだと思うのです。

王冠が純金か否か、形をそのままにして知る方法はないものかと考え続けて風呂に入ったアルキメデスが、体を入れたため、あふれ出た湯を見た瞬間、これだと気づき、比重を考えついて、嬉しさに裸で町を駈けた話は有名です。

この問題は、関数の方法で解ける、そうわかれば、もう問題は解けたのです。あとは、計算したり、表記したりして、答を出していけばよいのです。

「数学は、黒板やノートでするものではなく、散歩しながらするものだ」と、岡先生が話してくださったことがあります。このことばは、「みとおし」の本質を言いあらわしたことばです。

この問題は、どうしたら解けるだろうと考え続けて、「あ、関数の方法でやれる」そう気づく。数学の思考で、いちばん大切な部分は、ここのところです。そこにさえ気づけば、あとは、比として、グラフとして、数表として解いていけます。

アルキメデスは、銅や鉄や木や石を、同体積の水の目方と比較して、入浴中に見いだした比重の原理が、すべてに当てはまるかどうか、ためしたに違いありません。これが思考プロセスの第二段階です。「たしかめ」「検証」です。

図表化したり、グラフ化したり、比で解したり、数表を作ったりというのは、アルキメデスの銅・鉄・木・石で、確かめている話と似ています。「みとおし」抜きで、第二段階からばかりやっているのは、基本学習でなく、それは基礎学習です。

「王冠の純度は比重によって測れる」「王冠は純金である」あるいは、「王冠の純度は九〇%だ」「物質の密度は、比重によって表わすことができる」

いくらでも、アルキメデスのやったことを言い表わす表わし方があります。これが「まとめ」「整理」です。

朝日新聞社の朝日文化賞を授与されたとき、記者が岡先生の写真をとりに来て、大学の先生だから、黒板の前に立っている写真がほしいとのことで、柱本小学校へ来て、写真を写してから、校長室で休憩されていた。その時、記者が「岡先生の専門の分野は、ずいぶんむづかしいと聞いていますが、先生の勤めている女子大生に、それを教えられるのですか。女子大生にもわかるのですか」と質問し、それに対し岡先生が、校長室にかかっている時計を指して、「ここに時計があるということの発見はむづかしいが、あり場所がわかれば、あとは時刻の見方を教えてやればよい。時刻の見方なら教えられるし、教えればわかります」と言われた。記者は、「へえー」と言ったまま、だまってしまいました。

「みとおし」というのは、時計のあり場所の発見と次元が等しいと思うのです。時計のあり場所を発見させる教育をしないで、時刻の見方を一生けんめい教えて、それで思考力を育てるのだと、力んでいるからおかしいのです。思考力は、時計のあり場所の発見が出発点です。これを抜きにして、思考力ましてて創造的思考など生まれるはずがない。そう思います。

大工さんとアルキメデスと算数の学習と時計のあり場所とは、みな「みとおし」というものについて述べようとしているのですが、ねらっている意図がわかってもらえたら、みな同じことを言っているのです。それぞれの例を個々にとらえて比べると、みなずれています。いずれ、ずっと後に、算数の具体的な問題をとらえて、詳しくここのところを考えてみようと思います。

第9信　こころとは何か

古皮質と頭頂葉は無意識、前頭葉（と、その道具である側頭葉）は、意識だと言いました。これは、意志の有無から眺めた言い表わし方です。それらを状態から眺めると、頭頂葉は情操、前頭葉は情（情緒）、古皮質は情動、また働きから見ると、頭頂葉の働きは無差別智、前頭葉の働きは分別知、その方向から言うと、古皮質の方向を欲望、前頭葉の方向を意欲と名づけます。

　これから使うことばと、頭の皮質の部分との関係を一々言いそえないから、重複しますが整理をしておきます。

　岡先生は、分別智と、智を使っていますが、私は、分別知と、知を使うことにします。知性ということばと同じく、分別知と知の字を使うのです。

　岡先生が、分別智と智の字を使われているのは、分別チの働きは、無差別智の働きに基づいて働く心の働きだからです。私は便宜上、前頭葉の心の働きと、頭頂葉の働きという区別を立てるため、知と智とを使い分けてみたまでです。

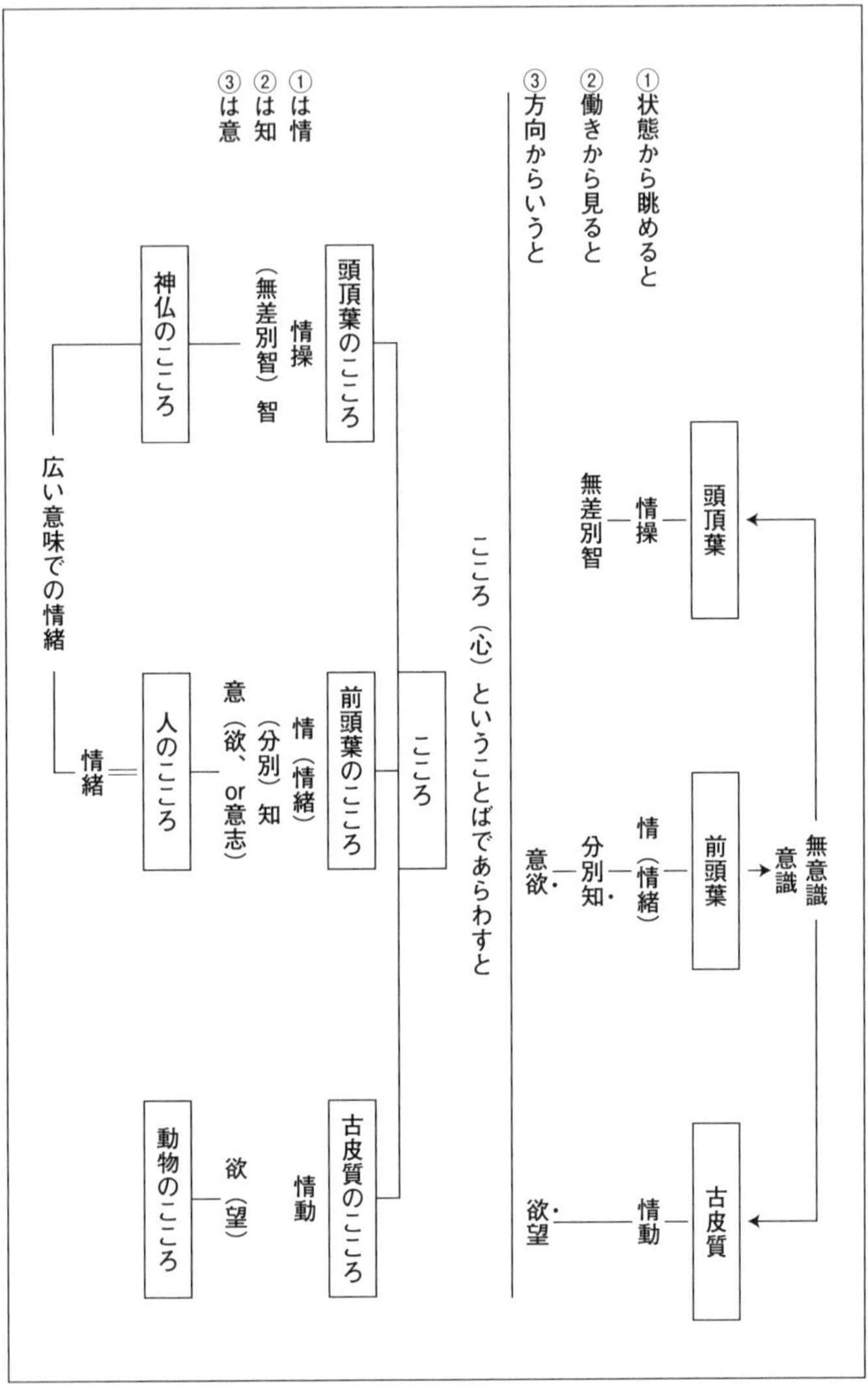
①状態から眺めると
②働きから見ると
③方向からいうと
無意識
意識
頭頂葉
前頭葉
古皮質
情操
無差別智
情（情緒）
分別知・
意欲・
情動
欲・望
こころ（心）ということばであらわすと
こころ
頭頂葉のこころ
前頭葉のこころ
古皮質のこころ
情操
（無差別智）智
情（情緒）
（分別）知
意（欲、or意志）
情動
欲（望）
神仏のこころ
人のこころ
動物のこころ
情緒
広い意味での情緒
①は情
②は知
③は意

第10信　エゴの世界

「神仏のこころ」の「神仏」ということばに抵抗を感じる人がいるかもわかりません。頭頂葉の働きを鈍らせているからです。ほかによいことばがないかなと、探しましたが見つけられなくて、神仏ということばを使いました。

「外道は精進にして道心なく、二乗は聡明にして智恵なし」ということばがあります。これは、仏教のことばです。外道というのは、仏道以外の教えに属する人で、精進とは、熱心にものごとをやるという意味です。

外道は、前頭葉の意欲をもやして、熱心にせっせと働くが、古皮質のエゴのままだから頭頂葉への方向を持たない。つまり道心がない。だから向上がなく、何のために熱心にするのか、その意味がない。

また、せっかく仏道へ入っても、利害得失、損益というような相対的な、さげくらべばかりして、損得かんじょうには実にかしこいが、それは分別知ばかり働く相対二乗、前頭葉の世界だけのかしこさです。損益の生じるのは、損益のない世界に基づくし、死生のあるのは、死生のない世界に由来し、意識は無意識の生じることを知る。頭頂葉の心を知らないから、真の智慧が開けず、ソンだトクだというようなことばかりで生涯を終わるというほどの意味です。

知とは聡明さ、智とは智慧という内容に見あうことばです。聡明にしてとは、前頭葉がよく働くこと、智慧なしとは、前頭葉へ頭頂葉から光がさしこんでいないということ、こう考えてもよいと思います。

少しわき道にそれているように思われるかもわかりませんが、意識と無意識、分別知と無差別智の関係を考える一つの足がかりとして、仏教のことばを引例してみました。

二乗は聡明にして云々は、頭頂葉の無差別智の光が、前頭葉へさしこんでいない状態。

外道は精進にして云々というのは、古皮質のこころが、前頭葉へ流れたままで、意志ブレーキをかけていない状態。

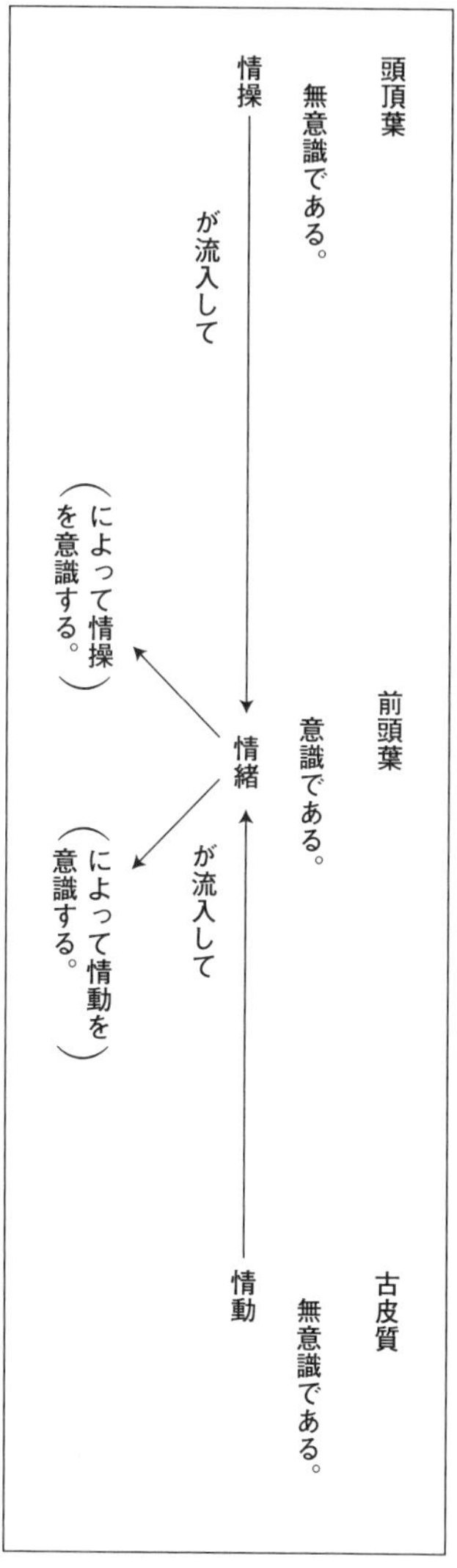

頭頂葉の無意識および古皮質の無意識がどのようにして意識となるのか。意識するのは、前頭葉の働きですから、頭頂葉の情操が前頭葉の情緒へ流れ入って、情操が情操であることを、情緒が意識します。

情操は頭頂葉に属し、それ自体は無意識であるが、それが前頭葉の情緒で受けとめられて、受けとめたものが情操だということを、情緒が意識します。

古皮質の情動も前頭葉の情緒へ流れ入って、情動が情動であることを、情緒が意識します。情動は古皮質に属し、それ自体は無意識であるが、それが前頭葉の情緒で受けとめられて、受けとめたものが情動だということを、情緒が意識します。

第11信　意識は無意識から

私たちは通常、意識のところだけを論じていて、無意識のところには触れないでいます。けれども、意識は無意識から生じるものですから、無意識を考えない意識の世界など、根のない草木のようなものです。

頭頂葉や前頭葉（それから側頭葉も後頭葉も）は、みな新皮質にあります。人間が人間らしい営みのできるのは、この新皮質があるからです。人間だけに発達している大脳皮質だから「人間の脳」とも名づけられています。

それに対して、古皮質は他の動物と共通した皮質だから、この古皮質のことを「動物の脳」とも言います。古皮質は、動物発生以来発達した皮質ですから、少なくとも数億年の年月を経て発達してきたものです。新皮質は人類に進化してからですから、数千万年、もっと短く数百万年くらいしかたっていないでしょう。だから、古皮質の働きと新皮質の働きを比べてみると、古皮質の働きの方が、ずっと根づよくて力の強いものです。

欲望の根源は、古皮質にあります。古皮質は無意識なものですから、その働きの欲望が、欲望・欲求として自覚される、つまり意識されるのは、新皮質の前頭葉の感情の座においてです。その欲望を達成する意欲と達成するまで持続する意志力は、前頭葉の感情の座と共にある意欲の座の働きです。意識した欲望を抑止するブレーキの働きも、意欲の座においてです。だから、意欲の座は、ものごとを成就させるまで持続していく意志の積極面と、欲望にブレーキをかけて抑止する意志の消極面との両面の働きをします。

達成の方向に進むか、抑止の方向に進むか、それを思案するのは前頭葉の思考の座です。その際、思案する資料をたくわえているのが新皮質の側頭葉です。その資料によって、思考の座が検討して、どちらかに決めるのが判断です。判断の座は、資料をたくわえる記憶の座と共に側頭葉にあります。側頭葉は、前頭葉の命令によって判断します。

古皮質からの欲望の働きは強くて、新皮質の働きを超えることが多いのです。だから、新皮質前頭葉の意欲（意志）の働きを強くする教育が大切です。意志力が弱くて欲望のままに生きると、人間でなく動物になりさがっていきます。欲望はエスカレートする性質をもちます。欲求を満たしていくことを根幹とする教育のおとし穴は、ここにあります。新皮質の意欲の座の働きが充分できるようにすることが教育の手はじめです。ここをふみ外したために、動物性の強い若者が育っているという事例は、そちこちで気づきます。

古皮質は渋柿の合木、新皮質はそれに接木した甘柿の穂にたとえられます。合木から新芽が出ると甘柿の接穂より、はるかに元気がよい上に、そのままにしておくと、甘柿の穂が枯れてしまいます。甘柿を実らせたいのに、合木から出た渋柿の芽が元気よく伸びるので、それを大切にしているというところが、いまの教育にあるのではないかと、岡先生が警鐘を強打されていました。

『表現学習』のことを考えるための便りなのに、まだちょっとそこまで進めませんが、しんぼうして読んでください。

第12信　知性の豊かさ

第11信の内容を表にすると次のようになります。しかし、この表で、大切なことを一つ抜かしています。

前頭葉の感情の座から、思考の座へ移るまでは、意欲の座で欲望をちょっと抑止します。この抑止が働くから、次の思考の座が働くのです。前頭葉に思考の座があるから、前頭葉は知性の素

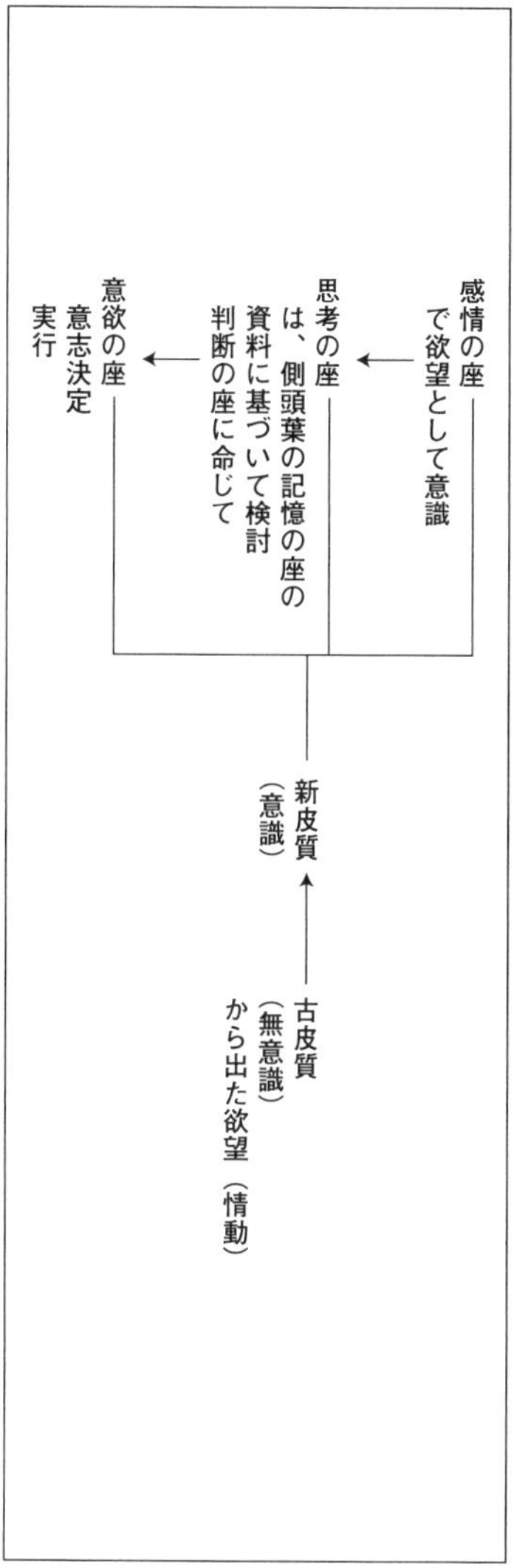

地となっています。その知性は、感情の座に流れてきた欲望を、しばらく意欲の座で止めるのです。この止めた結果として、思考の座が働き始めます。だから、知性は抑止の結果として働くものなのです。意志決定をするにも、持続するにも、知性を啓《ひら》く上にも、意欲の座の働きは、とても大切なポイントを占めます。

子供に知性の豊かさを育てようとするなら、まず意欲の座の働きを強め、しっかりした抑止力を身につけさせることが、いちばん大切なことです。側頭葉へ知識をいくら貯えても、抑止力が育っていないなら、生きた役には立ちません。思考力を育てようと思うなら、抑止力を培い、意欲の座の働きを十分させるような導き方が大切になります。

古皮質から出る欲望の本源は、自己本位、つまりエゴです。欲望を抑止するというのは、エゴを抑止すること、自我を忘れることです。

読みとり学習で、文章を読みますが、文章を読むということは、自我を没し去って書き手の心になりきっていくことです。そういう読み方でないと、次の学習の展開は深まっていかないでしょう。己我を忘れ去って文章なり作品に読みひたる。それを「没入」と言います。「没入」は、抑止の具体的な姿の一つです。このことを岡先生は、相手の室をよく見るためには、自分の室の灯火を消すことだと言っています。この「灯火を消す」が抑止です。

テレビのベン・ケーシーを見ていられた岡先生が、ケーシーが、交通事故で頭をひどくやられた患者の治療をしていて、「この患者は、やっと感情を取りもどし始めたから、やがて思考力も回復するでしょう」といったことばを肯定されて、本当にケーシーの言うとおりだと話してくれたことがありました。頭は、前頭葉から側頭葉へと使うべきものだとは、しじゅう、岡先生が言われていることばでした。

前頭葉を使うとは、まず情が働き、意が働き、知が働くという順序を経ることです。感情の座から意欲の座へ、意欲の座の意志力が十分働く結果として、知力が働くのです。だから、思考力を育てるためには、まず情を整え、意力をしっかりとつけ、ブレーキの十分きくように育てて、ち密な知が働き、思考力が綿密になっていくのです。教師中心や一問一答式の授業は、側頭葉を中心とした教育です。

側頭葉からも古皮質からも、その無意識が前頭葉の感情の座へ流入して、ここで意識として自覚され、次に意欲の座がそれに伴って働くのです。だから、前頭葉を使うということのカギは、意欲の座をどう育てるかということにかかっています。次にそれを考えてみることにします。

第13信　思考と情緒の教育

頭頂葉の心（情操）も古皮質の心（エゴ）も、前頭葉の感情の座に入って、情操や己我（欲望）として意識にのぼります。感情の座は、意欲の座をゆさぶり、意志となり、その抑止力により、知性が啓け、思考が働きます。情↓意↓知という順序です。

情↓意↓知をひっくるめて、情緒と名づけます。情緒とは、つまり前頭葉の心です。私たちの意識が、情緒だとも言えます。情緒の教育とは、前頭葉の教育です。思考力を育てようとするな

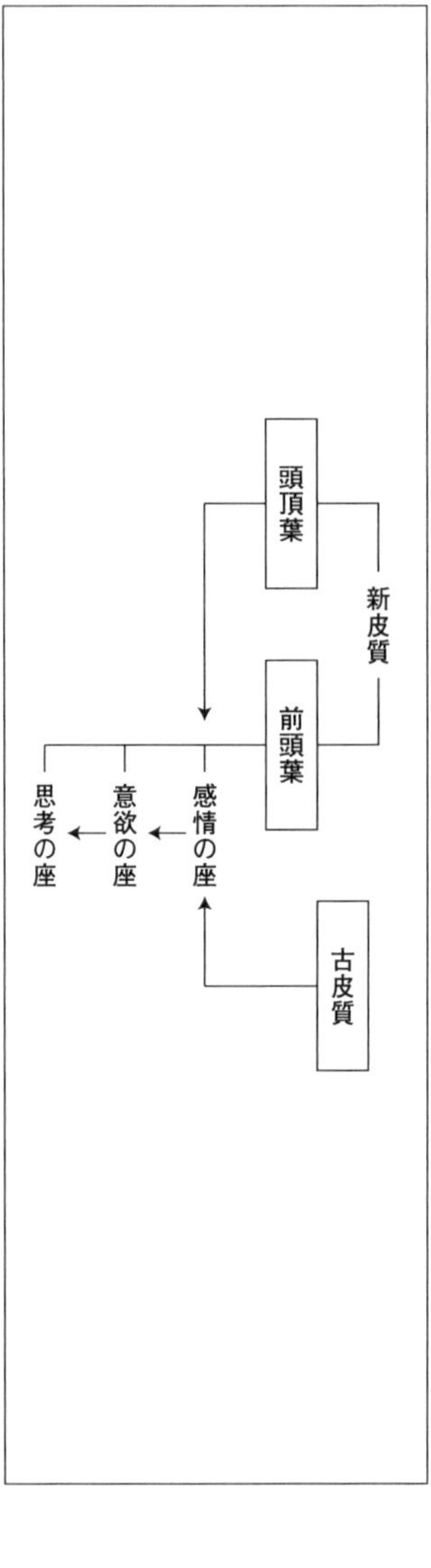

ら、情→意→知の順序ですから、まず、前頭葉の情をきれいに澄ますことが先決です。

頭頂葉から感情の座に入る心は、そのまま澄んでいます。それが情操です。情操は、たとえば「なつかしさ」という心です。「なつかしさ」というのは、谷間の灯火を見たときに、味わう心です。谷間の灯火を見て、なぜなつかしく感じるのか、理由づけがあってなつかしいのではなく、ただ、なつかしいから、なつかしいのです。この「ただ」なつかしいからという根元は、無意識の世界のものです。岡先生は、このなつかしさは、何万年も前に、人類が火を用いはじめたころの記憶が、谷間の灯火を見てよみがえる、それが「なつかしい」という心だと話されました。

そうすると、頭頂葉の無意識というものは、生まれてから三十年生きたその間に育つというだけのものでなく、人類発生以来の記憶が埋もれているものだという考え方が成り立ちます。深く

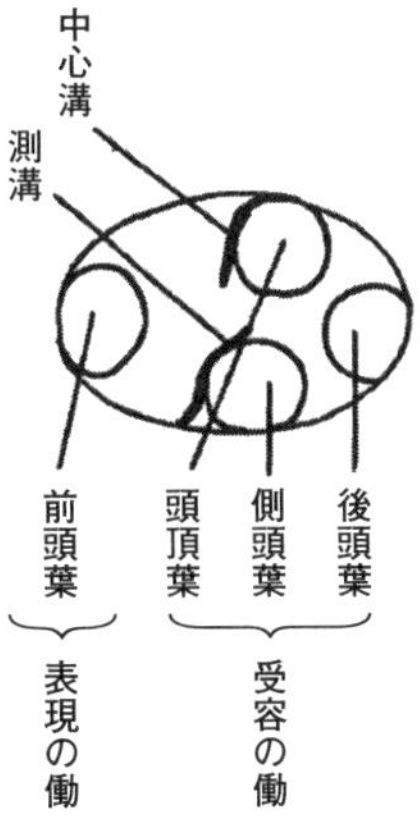

埋もれている心だから、深層です。意識に上るもの、それは表層です。表層とは、沖山先生のことばです。私は、表層と言わず、表現層と名づけています。

大脳の新皮質は、中心溝と側溝の二つの深い溝によって、前と後に分かれています。後の部分に、頭頂葉・後頭葉・側頭葉があり、ここには感覚器の中心もあり、外界を受け入れる働きをします。それに対して、二つの溝の前の部分にある前頭葉は、外界に向かって、心の中にあるものを表現していく働きをするから、沖山先生の表層をふくめて前頭葉の機能上から、表現層と言ってみたのです。

濁り水をバケツに入れておくと、濁りが沈澱してきれいに水が澄んできます。私たちが、その時々に経験する経験は濁り水のようです。それが年月久しく経ていると、濁りが沈んで澄んだ心だけが残る。そういう働き、作用があるようです。情緒の濁りがとれて、澄んだもの、それが情操で、情操は頭頂葉に深く埋めて貯えられる。そう考えられます。

数日前、新卒当時、ただ一カ年だけ受け持った、もう孫があるという女性が、名古屋の大学で教鞭をとっているが、何だかとてもなつかしくなったからといって、電話をかけてきました。私は、よい先生であったとは夢にも思っていませんが、四十年の歳月は、私の教師としての悪い印象をすっかり沈澱させて、その女の子に、澄んだ部分だけが、なつかしさとして止まり、いろいろと調べて、電話番号を見つけて、かけてくれたのでしょう。苦しい思いも、年を経るとなつかしい思い出となることは、経験することです。

生まれてから後、そうであるように、人類発生以来死につぎ生れつぐ長い長い歳月に、人類が歩み続けた歴史の記憶が、なつかしさという情操として記憶に残っている。そう考えることは、無意味でないように思います。

少しふろしきが拡がりました。でも、松陰の辞世の詩の中にある「悠々天地の事」や、文天祥の「仰いで見る、浮雲の白きを、悠々たる哉、我心の悲しみ」など、五十年、七十年だけが人生だとする中では、悠々ということばの心がつかめないでしょう。

第14信　芭蕉と純粋直観

頭頂葉の情操と前頭葉の情緒、感情の座の関係について述べました。そのことを、もう少し言いそえます。

ポール・ヴァレリィに『失われた酒』という美しいソネット（十四行詩）があります。意識をばら色、美酒等であらわし、無意識を海とか虚無とかということばであらわしています。

頭頂葉（無意識・情操・無差別智）の心が、前頭葉（意識・情緒・分別知）の心へ流れることを智の光がさしこむと言います。智の光は、ものわかりの速度に関係があります。智の光は自明のことを直に自明と知る力です。ほんとうは、前頭葉の意識の根底には、いつも自分で自覚しないうちにさしている光です。この光を直観とも名づけます。ただ、理科で実物を見たりするときに使う直観——つまり五感を通して見、聞きし、触れるという意味のことばと区別するため、純粋直観と名づけます。

純粋直観は、五感、（眼・耳・鼻・舌・皮膚感覚）を通したものでなく、むしろ五感を閉じた内面から射す智力です。この智力は、自分自身の自明の上に立って、ものごとをできる根底です。

皆がそういうから、構造論がはやるから、それでやるというのでは、皆のものまねをし、沖山先生の自明にすがりついているだけで、自分自身の自明でないから、独自の見解など持ち得ず、

一と日　われ海を旅して
（いずこの空の下なりけん　今は覚えず）
美酒少し海へ流しぬ
「虚無」にする供物の為に……
誰ぞ汝が喪失を望まん　おゝ酒よ！
わが聖なる意志に従いしか？
わが心の欲するままに
酒を流しつつ流血を夢みしか？
つかのまはバラ色の煙たちしが
たちまちに常のごとすきとおり
清げにも海は残りぬ……
この酒を空しというや？　波は酔いたり！
われは見き　潮風のうちさかまく
いと深きものの姿を！

無意識（頭頂葉）無差別智
意識（前頭葉）分別知
無意識（情操）と意識（情緒）の関係（流入）
（みとおしのときに働く部分）
第一操作

頭頂葉の情操が前頭葉の情緒・感情の座へ流入してきたありさま
それが、意識の座をうごかしたようす
思考の座へと移り行く有様
（たしかめ、ふりわけ、おもみづけのときの心の流れ）
第二操作

思考の座から
頭頂葉へかえる
前頭葉から頭頂葉へかえったようす
意識から眺めた無意識の世界
（まとめの状態）
第三操作

この一行を芭蕉はもっときれいなことばで、
　心に見えたる光　いまだ消えざるうちに言いとむべし
と言っています。このことばは表現学習の根底をいいつくして余すところがないと思います。

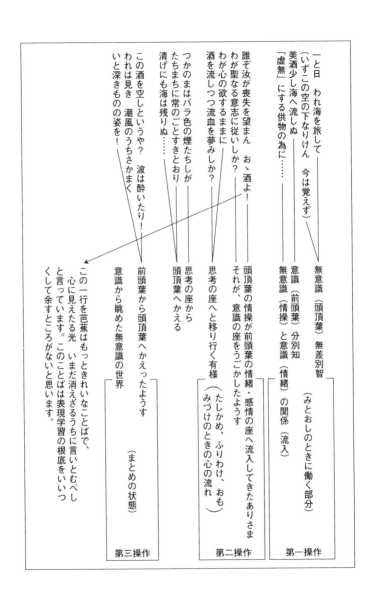

必死に他人の自明にすがりつき、ただ追随し、雷同して、わいわい言っているにすぎないということになるのです。

妙寺小で、数学教育の講演を岡先生にしてもらいました。終わって壇を下りてから「ああそうだ、数学教育について話すようにと言われていたのですね。数学教育をしようとするなら、子供に数学の力をつけようと思うなら、純粋直観を子供の心に育てなさい。数学教育でいちばん大切なことは、それです」と言われました。——沖山先生の第一構造「みとおし」学習は、純粋直観の学習です。

第15信　絶対無の世界

「事実の背後は絶対無であり、事実は自己自身を限定する事実であった。表現とは、かかる事実を客観方面より見たものに外ならない」

このことばを意識と無意識の関係として受けとることもできます。無意識の中では、頭頂葉の無意識と前頭葉の意識とについて述べてきたから、この関係として、高山岩男氏のことばを見てみることにします。

沖山先生は、「ここで言われている事実とは、表現的事実として、表現主体の中に取りこまれた事実である」と書いていられます。これは、前頭葉の意識を、こう言い表わしたのです。

そういう事実の背後は「絶対無」である、というのは、頭頂葉の無意識を指しています。

芭蕉が「心に見えたる光、いまだ消えざるうちにいいとむべし」と述べている。「心にみえたる光」は、頭頂葉に宿る光で、その光を前頭葉が意識するのです。その光を意識した意識を、ことばで言いとめるのが表現です。芭蕉は、表現のことを「いいとむ」ということばで言いあらわしています。「心に見えたる光」を「いいとむ」のが表現の本質だと、私には、どうしてもそうとしか思えません。

「心にみえたる光」があって、ことばに表現したのが詩や作文、形や色彩で表現したのが絵や工作であり、リズム・音で表現したのが音楽というように考えてみるのです。そうしたら、各教科の根底的なつながりが見えてくるでしょう。

絵がわかることが、詩がわかり、作文がわかり、音楽がわかることなのです。絵はわかるが、作文はもう一つどうもというのでは、ほんとうは絵もわかっていないのです。絵がわかるということは、表現の根元の「心にみえたる光」という次元でのわかり方に立って、はじめて絵がわかると言えるので、そうでないと、それはわかったような気がしているというにすぎないのです。

表現学習は、心に光を見させる学習が根本です。枝葉はさておき、どうすれば、心に光を灯《とも》させ得るか、そういうことをだんだんと考えていきたいと思っています。

心にみえたる光を十七文字の俳諧という形式に言いとめることに生涯をかけたのが、芭蕉でした。芭蕉の句には頭頂葉に宿る「心にみえたる光」のありさまを知ることのできる句が、たくさんあります。思いつくままに、頭頂葉の光の消息を知り得る句を書いてみましょうか。

（1）梅が香に　のっと日の出る　山路かな

（2）五月雨の　降り残してや　光堂

（3）閑けさや　岩にしみ入る　蝉の声

（4）さみだれの　空吹き落とせ　大井川

（5）四方より　花吹き入れて　鳰の波

（6）春雨や　蓬をのばす　艸《くさ》の道

（1）は、夜明前に家を出て、山路で日の昇るさまが目に浮かびます、「のっと」。（2）光堂のあざやかさ。（3）ジーン、ジーンという、せみの声が聞こえます。（4）大井川が増水して、ゴウ、ゴウとしたひびき。（5）びわ湖は花吹雪、絵のよう。（6）尽《じん》大地、春雨がくまなく降っている。

「丶」（傍点）が、頭頂葉にさした光、「みとおし」の端的なものです。「みとおし」の本質は、頭頂葉に射す「心にみえたる光」です。

芭蕉の句はすべてほとんど、「みとおし」ばかりで表現しています。端的にいちばん大切なことを切りつめて表現しようとすると、十七文字の詩形で最短、十七文字の俳句という形になった意味もわかる気がします。

芭蕉は西行を慕っていました。西行の歌と芭蕉の句を比べてみると、西行の方が冗漫です。つまり、芭蕉は無差別智の世界を本居とするが、西行は分別知が多くまじっています。この意味を「芭蕉は西行を慕い、師とも仰いでいたからといって、西行を芭蕉と同じようにほめる人がいるが、それは当を得ていない」と芥川竜之介も句論で書いています。

第16信　曇りのない鏡

曇りのない鏡に、ものの姿がくっきり映るように映しだすのが頭頂葉です。頭頂葉のそのよう

頭頂葉
梅の香にのっと日の出る山路かな（芭）

前頭葉
観音のいらかならべて花の雲（芭）
・春光や蘆（あし）にも見えて波一重《ひとえ》（石鼎）
・通い路の春光ふかき薔薇《いばら》垣（麦南）
・ぬかづきしわれに春光尽《じん》天地（久女）

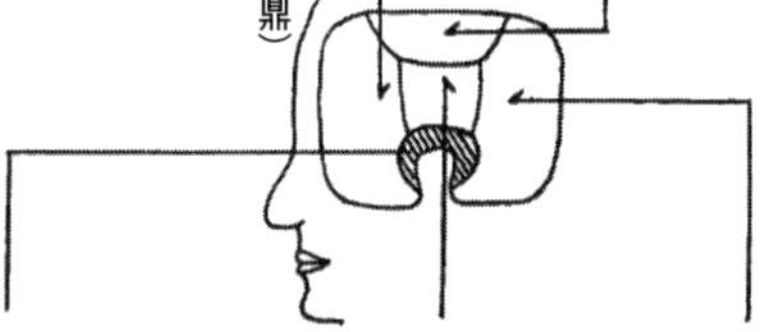

後頭葉
ほろほろと山吹散るや滝の音（芭）
・火なき炉の大いさ淋し春の宿（蛇笏）
・長閑かさや浅間のけぶり昼の月

側頭葉
梅若菜まり子の宿のとろろ汁（芭）
・春も早山吹白く苣（ちさ）苦（にが）し（素堂）
・腸（はらわた）に春滴るや粥の味（漱石）
・盆に盛る春菜淡（あわ）し鶴料理（つるれう）る（久女）

古皮質
・うらやまし思いきる時猫の恋（越人）

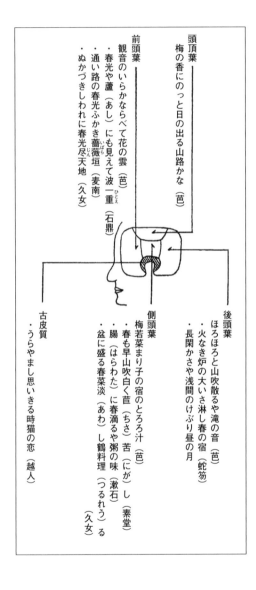

な働きそのままを、句に表現したものを、芭蕉の句からひろいあげて、第15信に書きとめておきました。

右の表は、岡先生のどれかの著述にあげられていた芭蕉の句を、新皮質の四つの部分に配したものです。

どの著述にあったか思い出せないので、もう一度たしかめてみたく思いましたが、そのいとまがないので、記憶に止っているとおりを表にしてみました。

古皮質に配した句は、岡先生は記していませんから、山本健吉編『最新俳句歳時記』の「春」から探して添えました。

「うらやまし思いきる時」の句がそれで、それ一つしか見つかりませんでした。「・」印の句は、同書の初めに載っている句を、私が四つの部分に配したものです。

前頭葉に属する句は、頭頂葉の句に比べて、分別知が加わっているものです。「梅の香」の句には、のっと出る朝日、と旅人そのままでしょう。前頭葉の句一つ目、「春光や」と、「や」で抑止し、あし（蘆）の日ざしと波一重を意識で反すうしているでしょう。二つ目、深い春光と通い路の「ばら」、一ぺん意識で眺めなおしています。三つ目「ぬかづく我」と、「尽天地の春光を感じる我」と、一度二つに分けて、また一つにしている。知的操作の過程を経て、句が成立しているでしょう。

側頭葉は、記憶と判断の座のあるところでしたが、感覚の統合するところでもあります。みな感覚的な句でしょう。鈴木三重吉は、子供の作文――綴り方――に、この部分を大切にして、文の陰影ということばで表現していました。陰影深い綴り方、それが文章を書かせる一つの目標になっていました。

後頭葉、ふん囲気です。

古皮質、越人という人は、芭蕉の弟子であったのでしょうか。この句を芭蕉が見て、「越人とは、これだけの男」と苦笑したそうです。

歳時記四百ページの春の句中、これだけしか見あたらぬので、古皮質の心は、句作の対象にはならないのですね。句作の対象にはならないけれど、教育の対象としては、重い部分を占めます。

頭頂葉の無意識（無差別智・情操）と、前頭葉の意識（分別知・情緒）のかかわり方について考えてきましたから、次に古皮質と前頭葉のかかわり方を、考えていくことにします。

第17信　情緒の教育

古皮質からの心も、前頭葉の感情の座へ流れ入って、意識にのぼります。古皮質の心は、いわゆる「本能」とよばれている欲望です。性欲・食欲・睡眠欲等、個体維持と子孫維持につながる、もろもろの欲望です。その欲望は、生命維持に欠くことのできぬ大切なものですが、それら欲望をしめくくっているものは、何が何でも生き続けたいという盲目的な欲望です。そして、この盲目的な強い欲望の本質を、エゴと名づけるのです。エゴのことを、岡先生は小我といっています。

欲望が意識にのぼると、それを満たそうとする意欲がおこり、それを行動や行為に表わします。行動や行為に表わそうとする原動力は情です。情が動かないと、行動も行為も成立しません。だから情は、行動や行為の根源をなすものです。この根源に目を注いで、古皮質の心を情動と言い、前頭葉の心を情緒、頭頂葉の心を情操と名づけます。

情操も情動も前頭葉の感情の座へ入って、初めて意識するのですから、本来は無意識の頭頂葉と古皮質の心なのです。それを意識するのは前頭葉においてですから、意識にのぼったときは、すでに前頭葉の心になっている。前頭葉の心を情緒と名づけたのですから、情緒には、前頭葉の働きで生じる心と、頭頂葉からの情操、古皮質からの情動を意識に映し出した心の二つが、ふくまれてくることになります。

そうすると、情緒は、情緒と情動および情操をふくめた広い意味内容を持つようになります。

こう考えてくると、教育とは、具体的にいうと「情緒の教育」であり、それは、大脳生理に基づいた、前頭葉の教育に外ならないということになります。このことを、次のようにも言いかえることができます。

○教育とは、情動を制御し、情緒を情操へと方向づける作用である。
○教育とは、前頭葉を正しく使えるよう、そのパターンを定着させる作用である。

いくらでも、いろいろに表現してみることができる。

> **情緒** ということばは、
> 前頭葉の心、つまり情緒 に
> ＋
> 頭頂葉の心、つまり情操 と
> 古皮質の心、つまり情動 とを合わせた広い意味にも用いることができる。

さて、前頭葉には、三つの座がありました。まず、感情の座へ入って、意欲の座が動き、その結果、思考の座が働くという順序を経ていきます。

この順序が前頭葉の情緒の過程です。だから情緒の過程を正しくしていくために、まず感情を澄ますことが大事です。感情を短く情と言います。情を濁すものは、恨みとにくしみの心だという、残虐性をおびた心だと岡先生は言っていられます。女子にあっては、羨望、うらやましがること、そねむことが、情を濁すいちばん大きな要因だとも言われていました。

意欲、しっかりしたブレーキをそなえつけること、小我やエゴについて、特にそうです。思考は、ブレーキがきくようになった結果としてともる灯火、つまり、知性がひらけ、知性が働く結果として生まれるものです。だとすると、思考力を育てようとすれば、情をすまし、抑止力をそなえた旺盛な意欲を育てることが先決だということになります。

第18信　衝動的な判断・記憶

第17信の記述を表にすると、前頭葉の働いていく順序は、左のようになります。

ところが、この正常ルートを通らないで、古皮質の情動が、すぐ側頭葉へ入っていく場合があります。そうした表われ方を「衝動《ショウドウ》」と言います。

側頭葉には、記憶と判断の座があります。前頭葉を通さないで、側頭葉へ直ちに入って、側頭葉がする判断を「衝動的判断」、側頭葉が前頭葉の命令なしに、側頭葉だけでする記憶を「衝動

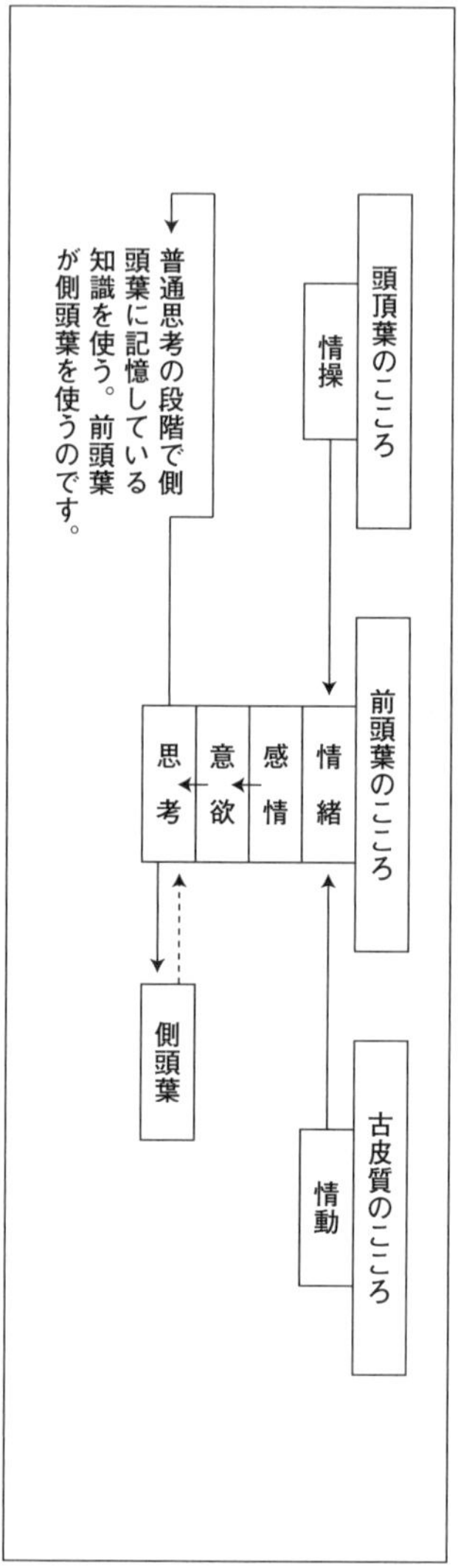

的記憶」と言います。衝動的ということばを「機械的」ということばに置きかえてもよいわけです。機械的判断、機械的記憶です。

私はいま、「衝動」という字を書いてみると、衝という字が正しいかどうか、ふと疑念が浮かびました。何だかコウという字のような気がしてならないのです。上田先生は、文字の研究もしていられるから、ショウドウと書きたくて、ショウを誤字で書いておいても、正しく訂正して読んでくれるだろう。そう思って、ショウドウとかなを打ちました。字引をちょっと引いて確かめればよいのに、不精をきめこんだのです。そして二、三行書いていると、またショウドウと言うことばを使わねばならなくなりました。どうも気になるので、今度は字引をひいて確かめてみました。すると「衝動」でまちがっていないことがわかりました。

私の「衝」という字の記憶は、機械的記憶だから、こういうことになるのです。文字の記憶は、機械的記憶によるものが多いから、何でもない字が、なぜその字をそう読むのか、わからなくなってしまうということが、時々あります。

こう書いているうちに、ふと漱石の小説にも、同じようなことを書いているのが、思い浮かんできたので、こんどは、不精しないで、漱石全集を調べると、『門』という小説の書きだしのところに、次のような文章が載っていました。

自然と浸み込んでくる光線の暖か味を、襯衣《しゃつ》の下で貪るほど味いながら、表の音を聴くと

もなく聴いていたが、急に思い出したように障子越しの細君を呼んで、

「お米《よね》、近来の近の字はどう書いたっけね。」

と尋ねた、細君は別に呆《あき》れた様子もなく、若い女に特有なけたたましい笑い声も立てず、

「『近江《おうみ》』のおうの字じゃなくて。」

と答えた。

「その近江のおうの字がわからないんだ。」

細君は立て切った障子を半分ばかり開けて、敷居の外へ長い物指を出して、その先で近《きん》の字を縁側へ書いてみせて、「こうでしょう。」と言ったきり物指の先を字の留まった所へ置いたなり、澄み渡った空を一しきり眺め入った。宗助は細君の顔も見ずに、「やっぱりそうか」と言ったが冗談でもなかったと見えて、別に笑いもしなかった。細君も近の字はまるで気にもならない様子で、

「本当にいい天気だわね。」と半ば独り言のように言いながら障子を開けたまま裁縫《しごと》を始めた。すると宗助は肱で挟んだ頭を少し擡《もた》げて「どうも字というものは不思議だよ。」と始めて細君の顔を見た。

「なぜ。」

「なぜって、いくら容易《やさし》い字でも、こりゃ変だと思って疑ぐり出すとわからなくなる。この間も今日《こんにち》の今の字で大変迷った。紙の上へちゃんと書いてみて、じっと眺めていると、何

だか違ったような気がする。しまいには見れば見るほど今らしくなくなってくる。――お前もそんなこと経験したことはないか。」

「まさか。」

「己《おれ》だけかな。」と宗助は頭へ手を当てた。

「貴方どうかしていらっしゃるのよ。」

「やっぱり神経衰弱のせいかも知れない。」

「そうよ。」

細君は夫の顔を見た。夫はようやく立ち上った。

（『現代日本文学館　夏目漱石　Ⅱ』一六九ページ）


神経衰弱のせいでなく、文字の記憶は側頭葉だけでする機械的記憶のせいです。

第19信　創造力育成の教育

機械的記憶の旺盛になるのは、幼稚園から小学校一、二年のころにかけてで、漢字の習得など、このころどしどしできる時期です。寺小屋式の素読教育の時期を、この年令においたことも、理くつにかなっているようです。意味がわからなくても、憶えることは十分に憶え得るのです。

九度山中学にいたころ月一回百字の漢字テストを一年間続けたことがありました。結果を一つの字の正答率算出でまとめたことがありました。九〇％を越えていたのは、小学校一年から二年生ごろに習った字で、三年、四年と進むにつれて、その率が落ちていき、中学校で習った漢字にいたっては、四〇％以下で、ひどいのは、テストの前日の国語科で出た新字を、ノートに筆順まで指導して憶えさせたのに、その字の正答率は二七％でした。

中学時代になると、記憶は前頭葉の命令で覚えるという、意志的記憶の時代に入ります。意志的記憶とは、機械的記憶と言うことばに対して名づけたもので、前頭葉が覚えよと側頭葉に命じ、意欲の座の意志が覚えることに集中するように働いて、覚えるのです。

意志的記憶の特長は、心の集中状態が持続している中で覚えるということ、そして、それがテストのためにそうするなら、テストがすめば忘れてしまうということ、つまり覚える目的のことがすめば、すっと忘れてしまうということ、この二つが特長です。

側頭葉の記憶力は、小学校一年生前後、二、三カ年をピークとして、二十歳くらいまで少しずつ下降するが大体高原状、それ以後は、ぐんぐん下降して四十歳ころから谷間に入るような、発達曲線を描きます。四五歳ころの初老期の特長として、普通の人は、このころから、よく物忘れするようになります。

昭和一七年から二年間、彦谷小学校に勤めました。五、六年生の複式を持ち、夜は青年学校の夜学をしたりで、まことに多忙な毎日でした。学校日誌は、私の受け持つ事務でしたが、忙しいので書き忘れて一カ月も空白になることがよくありました。いっしょに勤めていた二五、六の女の方に、空白の月日の天気や、訪問者、出来ごとを尋ねると、みな覚えていてくれているのです。昨日のことも忘れがちな私は不思議で、「どうしたら一カ月も前のその日のことを、そんなにはっきり覚えていられるのか」と聞くと、「別に覚えようとして覚えているのでなく、忘れないだけです」と答えていました。この女の方の側頭葉の記憶は、二五歳でも上昇カーブをたどっていたのかもわかりませんが、一般的な統計では、ふつう下降線を大分下っている年令のはずです。

つい先日、その方と三十年ぶりで会いました。もう孫が何人かあると話して、「もう、おばあちゃんになって、このごろは、かさを置き忘れたりなど、よくします」

「いつごろから、物忘れするようになりましたか」

「さあ、五十になったころからでしたかしら」

ということでした。

記憶力の発達曲線を左に書いてみました。

覚えよと前頭葉が命じ、覚えようと意志力を働かせてする記憶を、意志的記憶と名づけました。

覚えようとして覚えるのでなく、何となく忘れないだけだという記憶は、側頭葉の働きだけでする記憶で、これを機械的記憶と名づけました。

機械的記憶には、もう一つ、古皮質からの心が、前頭葉を通らないで、直接、側頭葉へはいって来て働く記憶がありました。これらを衝動的記憶と名づけることは、前に書きました。

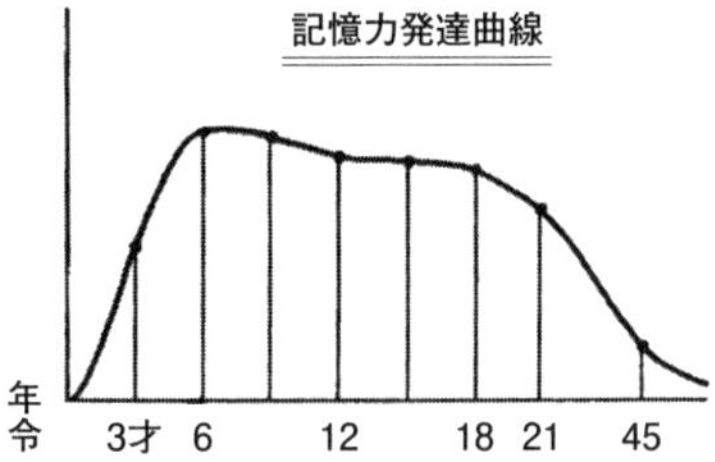

記憶の座の方は、機械的あるいは衝動的でも、たいして問題はないのですが、側頭葉に、もう一つある判断の座が、機械的・衝動的である場合は困ります。判断力は、是非どうあっても、前頭葉を通した意志的判断であるように、子供たちに頭の使い方のパターンを安定させることが大切です。

「徳川時代の中ごろ、仇討がたいへん盛んになった時があり、仇討に出かけた者が路上で、目ざす仇と面影が少しでも似ていると、切りつける者が出来、仇とまちがえられることもたびたびあって、ぶっそうなので、にわかに切りつけられても、それを防ぐため、刀のつばを丈夫にし、その形も色も、いろいろ工夫したので、刀のつばは幾種類もできた」

と、岡先生が書かれていたことは前にも記しました。面影が似ていると、すぐ仇だと決めるような判断を、側頭葉だけでする。これを衝動的判断だと言っていられます。

イデオロギーをつめこんで、イデオロギーに合うか否かだけで、機械的判断するのも、側頭葉の記憶の座だけ使っているから、衝動的判断と言えるのでしょう。

一問一答式授業というものも、側頭葉の記憶の座と判断の座だけを働かせる授業に陥っていくので、前頭葉も、まして頭頂葉も使わないから、思考力も、まして創造力も育ちようがない。沖山先生は、一問一答・教師中心の授業を排していると私は受けとっています。教師中心の授業の本質は、どんなに言いくるめてみても、要するに、側頭葉の記憶の座へ知識の分量を少しでも多くつめこもうとしているにすぎないのです。

自主性とか思考力とかは、前頭葉にかかわることだし、創造力とは、頭頂葉にかかわる教育の営みを経て育つのです。子供に自主性を確立し、思考力を身につけ、工夫創造の力を養うのだと、口を開けば題目のように唱えているのに、その授業を見ると、教師中心で一問一答式が、それに毛の生えたようなことしかやっていないとすれば、木に縁《よ》りて魚を求むと評されても、文句のつけようがない。そう思います。

第20信　表現学習は前頭葉で

今までに述べてきた、古皮質と前頭葉・側頭葉の関係を、左にまとめてみました。

古皮質の心・情動が前頭葉に流れるのは、まず、感情の座であり、それに伴って意欲の座が動き、その結果として、知性・思考の座が働くのですが、古皮質と前頭葉・側頭葉の関係を考える場合、前頭葉の三つの座の中では、意欲の座が中心的な役割を果たします。

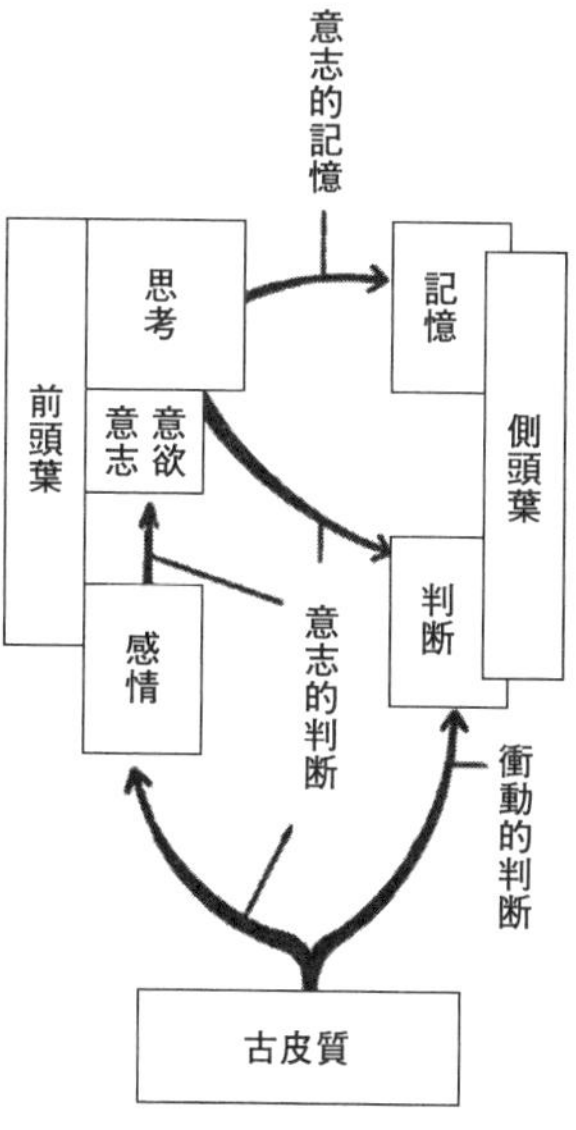

意欲の座は、意志の座と言ってもよいのです。意志の積極面を意欲、消極面を抑止力と言います。

前頭葉の心を情緒と名づけました。情緒には、知・情・意の三つの面がありました。意欲の座とは、この三つの面の中の、意の面のことです。意には意欲と抑止力の二面があるので、意欲の座とするより、意の座あるいは意志の座と名づける方が適当かも分かりません。

新皮質には、側溝と中心溝の二つの深い溝があり、その溝の前方は表現、後方は受容の働きをしていることは、前にも書きました。前頭葉は、溝の前方にあり、表現の機能をつかさどるところです。表現の機能という点に目をつけると、意志の中で積極面をあらわす意欲を主にして座の

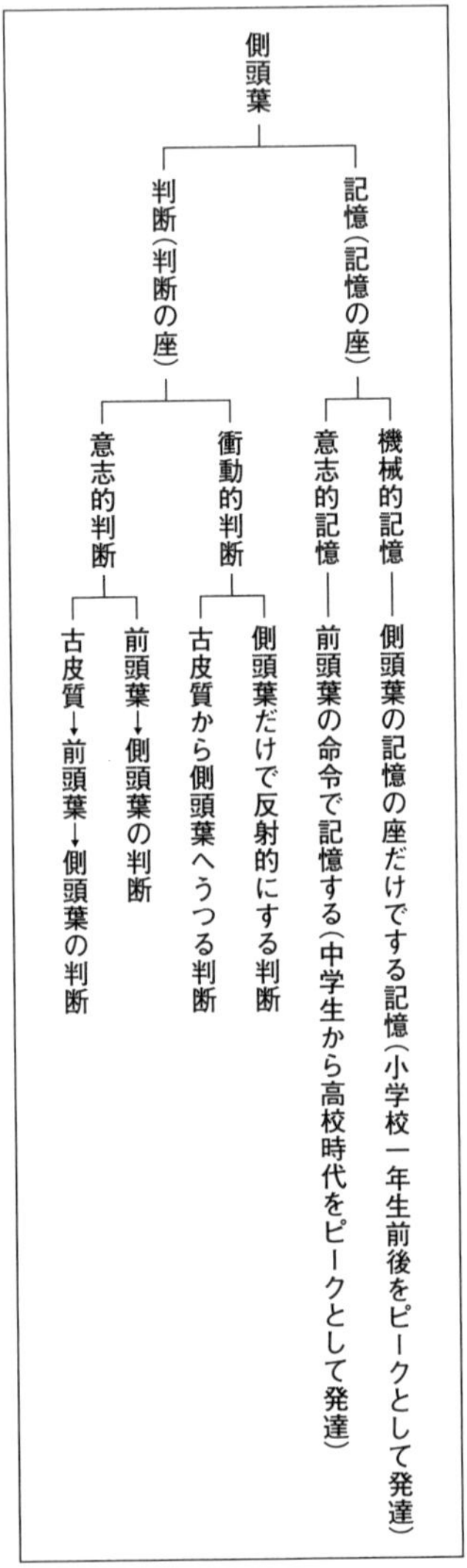

名としたことに、意味があります。

「表現学習」というのは、側頭葉にかかわる問題ではなく、前頭葉にかかわる問題だということが、はっきりしてきました。

知能テストは、一つの問題に対してただ一つの答しかない問題を解いていくので、これは側頭葉のよしあしを測るものです。知能指数は、側頭葉の指数です。あのテストで、前頭葉の働きを測ることは、むずかしいのです。要素分析などしたテストもあるが、側頭葉の機能から、前頭葉を断片的に見た分析で、前頭葉の働きそのものは、効能書ほどには測れそうにないように思います。前頭葉の働きは、子供の綴った作文を調べる方が、はるかによさそうです。

知能テストの要素分析の項目に「創造性」というような要因を挙げているなら、これはちょっと、まゆつばもののような気がします。側頭葉の働きから、前頭葉の機能の消息は、部分的にうかがえるだろうけれど、頭頂葉の働きは、うかがうべくもありません。創造性は、頭頂葉の働きです。

次の便りでは、頭頂葉と前頭葉との関係を考え、創造ということも考えてみましょう。

第21信　情緒の過程

頭頂葉と前頭葉の関係を考えてみます。それに関連して、後頭葉と側頭葉のことも、つけ加わります。

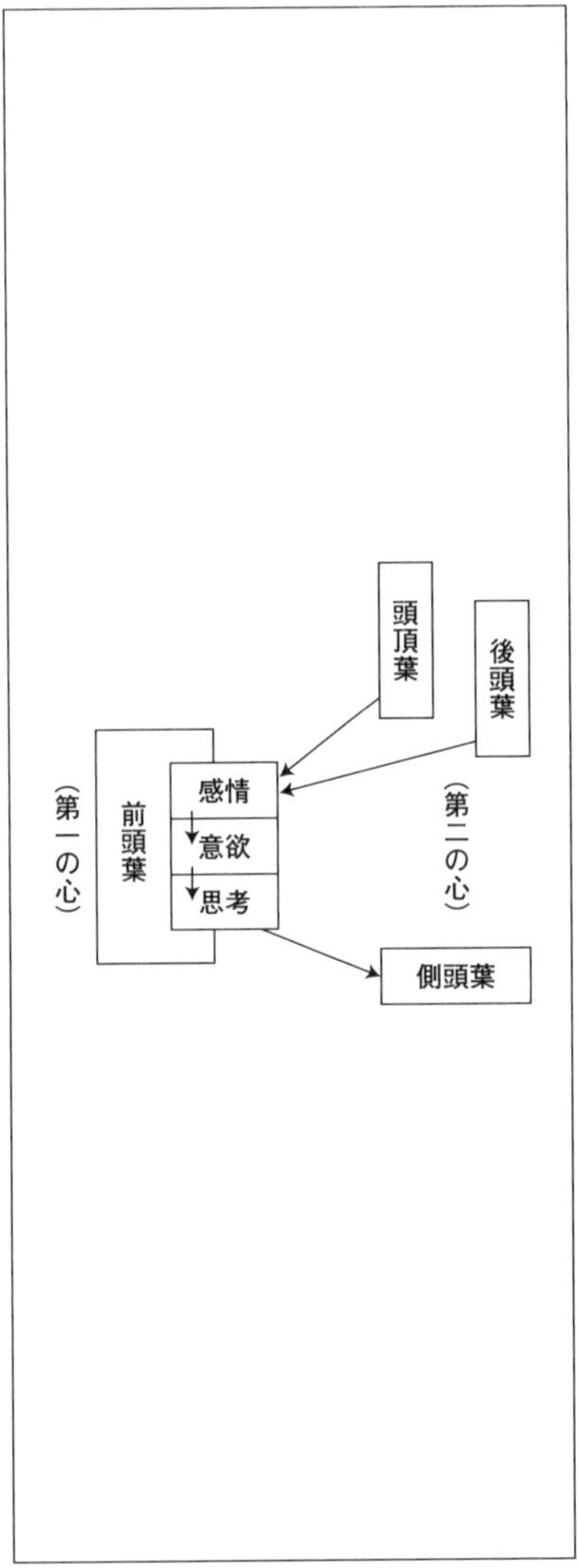

この四つの部分は、みな大脳新皮質に属します。つまり、人間独自の皮質の中にある部分です。人を人らしく育てるということは、大脳新皮質を正しく使い、新皮質の発達に役だつような育て方をしていくことだと思っています。

今までに書いたことをくり返すようで、くどいと感じるかも知れませんが、重複をお許しいただいて、表記していることについて、述べることにいたします。

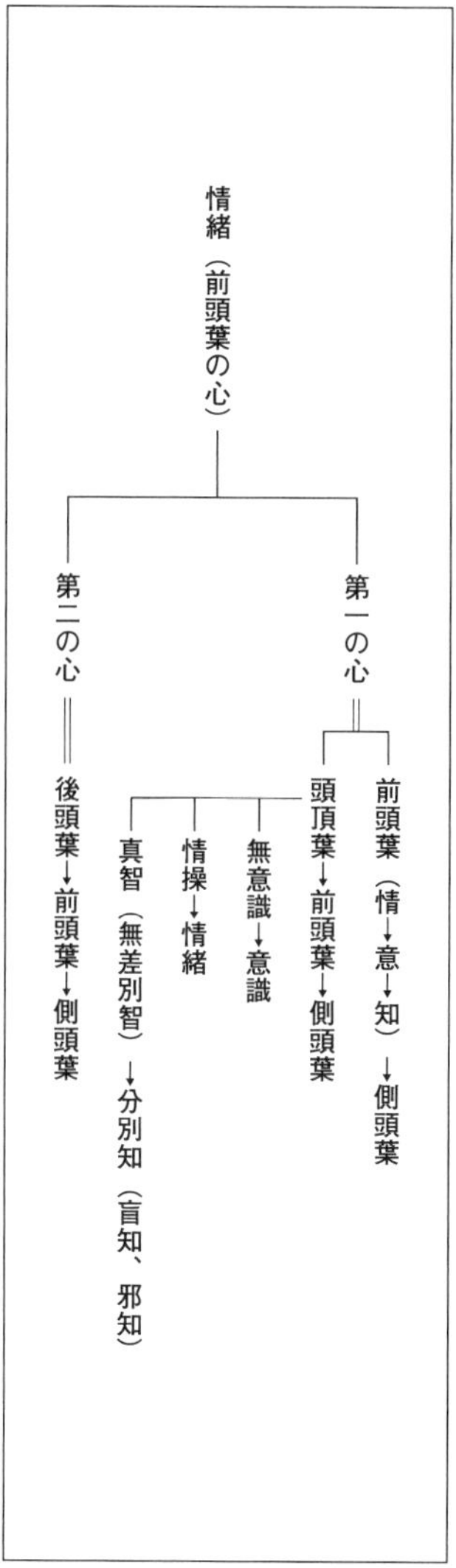

まず、前頭葉について述べましょう。

前頭葉は、ひたいの部分で、私たちが目ざめていて、意識するところです。

教育は、意識を手がかりとし、意識を足場として行なう営みですから、前頭葉の働きに根基を置いてする仕事です。だから、前頭葉の機能をよく確かめることが大切です。前頭葉の意識を前頭葉の心といいます。その「心」ということばの代わりに「情緒」ということばを使います。いま使っている「意識」「心」「情緒」は、みな同じ意味です。

情緒には、三つの面があります。状態・方向・働きの三つです。情緒の状態を「情」、情緒の方向を「意」、情緒の働きを「知」と名づけます。情緒というのは、情・意・知の三つを統べくくったことばです。前頭葉には、情・意・知の三つを司る座があります。「情」を司る座を「感情」の座、「意」を司る座を「意欲」の座、「知」を司る座を「思考」の座と名づけます。

昔からよく私たちの心を、知情意ということばで表わしていました。それを、情・意・知と順序を変えて言うのは、前頭葉を使うとき、まず「情」が動き、「意」がその抑止あるいは持続の力となり、その結果として「知」が働くという順序だからです。

情を持続あるいは抑止するのは「意」であり、「知」は「意」の作用の結果ひらける働きであるから、前頭葉における「意」の作用は、たいへん重要な位置を占めることになります。「意」は情に対して、調整の作用をし、知に対しては、灯火をつけて、ものごとがよく見える作用をする。知性や理性のもとは意だといってよいくらいです。前頭葉の働きをよくしようと思えば、意つまり意欲の座をしっかりとしたものに育てなければならないと言えるのではないか。そう思います。

万国博のうたい文句「進歩と調和」の進歩は、意欲の座の一面である維持・持続を、調和は、他の一面である抑止力を指したものと解しています。

他の動物では、古皮質に自動ブレーキとして備わっている抑止力が、人間にあっては新皮質の、前頭葉の意欲の座へ、意志ブレーキとして移っている。そういう点から考えても、意志力をしっかりしたものとすることが、重要であることが分かると思います。

前頭葉自体で、情↓意↓知とたどる働きが情緒の過程で、これとこの過程における最初の情に頭頂葉からの情操がはいる場合、あるいは、古皮質からの情動がはいる場合でも、それ以後は、情↓意↓知と経過するので、これを「第一の心」と言います。

第22信　風鈴がチリン

情緒とは、前頭葉の心で、情→意→知という経過をたどるので、これを第一の心と言いました。第一の心の経過の最後は知ですから、この知に重点をあてて、第一の心を言い表わすと、第一の心とは、知性あるいは理性だということができます。だいたいが前頭葉の働きですから、頭の前の部分が経過の舞台です。そこで、こういう経過を経る頭の使い方を「前まわりの頭」と名づけています。沖山先生のお話ですと、関東人の頭は、前まわりの人が多いということです。西欧の人たちは、ほとんど前まわりの頭だと、岡先生が言われていたことがあります。

そうすると、西欧文明は前まわりの頭の所産で、理性や知性に立脚した文明だと言えます。明治時代からの教育は、西欧文明の模倣ないし消化が主でした。大脳皮質の使い方から言うと、前まわりの使い方に馴致しようと、全力をあげていたということになります。

ところで、この前まわりの頭の使い方に対して、後まわりの頭の使い方があり、岡先生は、これを「第二の心」と名づけていられます。新皮質の後部に位置する後頭葉から、前頭葉へと経過していく頭の使い方です。

情緒 ＝（前頭葉の心）
- 第一の心（前まわりの頭）　理知的
- 第二の心（後まわりの頭）　全体的・包括的

東洋人、その中の日本人は、後まわりの頭の使い方で、何千年も過ごしてきました。沖山先生のお話ですと、関西人は後まわりの頭の使い方の人が多いということです。後頭葉と頭頂葉でのものの分かり方は、全体的、包括的で、ものごとをありのままとらえ、すっと分かってしまいます。前頭葉のものの分かり方は、分析的で知的です。

九度山町の教育委員長をしていられた西岡寛平さんは、生前、寒山詩を愛唱されていました。寒山や拾得は、後まわりの頭の使い方の東洋人の象徴的な人物です。寒山詩の発想は、後頭葉や頭頂葉です。寛平さんは、寒山詩の中でも、殊に「微風吹幽松。近聴声愈好」という句を気に入って、よく口ずさんでいました。

微風幽松ヲ吹ク　近ク聴ケバ声イヨイヨ好シ。

これは、まさしく後頭葉や頭頂葉の世界で、後まわりの頭の使い方をする、第二の心の所産です。芥川竜之介のことばに、「寒山拾得はまだ生きている。東洋の秋はまだ亡びない。」とあります。

す。東洋の秋とは、頭頂葉や後頭葉の世界です。寒山拾得とは、第二の心です。岡先生は、日本の人たちが、第一の心に傾いて第二の心から遠ざかっていくことを憂えていられます。岡先生のどれかの著書の中に「一法僅カニ静寂（ジョウジャク）ナレバ万法悉ク静寂ナリということばがある。何だ、風鈴がチリンと鳴ればそれでよかったのか。」というような文章があります。一法僅静寂。万法悉静寂。この文章を読みとって、岡先生が立てた読みとりの見とおしは「風鈴がチリン」です。

一法僅静寂。万法悉静寂。が、風鈴のチリンだと分かれば、この句の悉くが分かったことです。この分かり方は、第二の心で分かる分かり方です。後頭葉や頭頂葉でひらける分かり方で、この分かり方をひらくことを智と言います。真智または無差別智とも名づけます。智に対し、第一の心での分かり方の根本を知と言います。分別知とも名づけます。盲知・邪知とも言います。

第23信　みとおしは第二の心

構造論における学習過程の「みとおし」は、第二の心の働きによるものです。「ふりわけ・重みづけ」のたしかめは、第一の心の働きによるものです。

第二の心から眺めれば、第一の心の働きや働きの結果の悉くが分かります。けれども、第一の心から第二の心を眺めても、第二の心の全部は分からないのです。第二の心は、第一の心を一〇〇%理解できるが、第一の心は第二の心を八五%しか分からず、しかも一五%が残っていると言うことは、一〇〇%分からぬということと同じ意味になります。

「みとおし」が、第二の心の所産だと言いました。だから「みとおし」が正しく立てば、第一の心の働きの所産の「たしかめ」は、いらないのです。

ただ教育は、意識を足がかりとして営む仕事です。意識は前頭葉の第一の心なので、ここを培い育てるためには、たしかめの第二構造が大切となるだけのことです。

「一法僅静寂。万法悉静寂」と「風鈴チリン」が、どうしても結びつかない人がいる。その人は、第一の心で岡先生の文章を解しようとしている人です。第二の心で読めば、思わずにっこりして、なるほどそうだなと分かる文章です。

八五%とか一五%とか書いていることについて、少し書き添えておきます。

弘法大師の著書に『十住心論』というのがあります。人間の心を十の段階に分けて、低い第一住心から、高い第十住心に到る道を示しています。私は、古皮質の心・前頭葉の心・頭頂葉の心というように、三つに分け、岡先生は、第一の心、第二の心の二つに分けていられます。

大師は十の住心に分けているのです。

第一　異生羝羊心――合理以前の世界
第二　愚童持斉心――倫理的な世界
第三　嬰童無畏――宗教心の目ざめ
第四　唯蘊無我心――無我を知る
第五　抜業因種心――おのれの無知を除く
第六　他縁大乗心――人々の苦悩を救う
第七　覚心不生心――一切は空である
第八　一道無為心――すべてが真実である
第九　極無自性心――対立を超える
第十　秘密荘厳心――無限の展開

住心の下へ――を引いて「合理以前の世界」などと説明をつけているのは、高野山大学の宮坂宥勝教授の解説をそのままお借りしました。

岡先生の第一の心は、第二、第三住心あたりを指し、第二の心は、第四から第五住心あたりを指し、古皮質の心とは、第二、第三住心。後頭葉の心とは、第四、第五住心。頭頂葉の心は、第六から第十住心というように、当てはめてみることもできるのではないかと思います。

心理学というのは、せいぜい第二住心と第三住心の心を対象としたもので、フロイトは、たまたま第一住心へ目を注ぎ、第二と第三住心の本源を第一住心に据えている考え方のように思います。

第一住心から第三住心までを迷界、第四住心から第十住心までを悟界という分け方もあります。岡先生は、迷界の心の根元は悟界だと言っていられるので、その根元のもとは、第十住心に発していると説かれていると、私は受けとっています。

心の働き、つまり知の面から眺めると、迷界の心の働きは分別知で悟界の心の働きは真智（無差別智）です。真智の光源を第十住心において、光源からの光がよくとおる順序から、第九、第八、第七と順々に下がり、最も光をとおしにくい所を、第一住心と見ていられるのが、岡先生の見方だと、私は受けとっています。この面では、フロイトとは逆です。

第24信　学生にまじる一老僧

八五％、一五％のことを書きます。

柳田謙十郎氏は、西田門下の哲学者の由ですが、高野山大学へ哲学の講義に、時おり出向いて講義をしていたことがありました。その都度、学生にまじって必ず一人の老僧が聞きに来ているので、ある時、柳田氏が学生の一人に「あの老僧は誰か」と尋ねると、「学長の金山先生です」との答えに驚きました。

そのころ金山穆韶（ボクショウ）老師は、管長に就かれ、高野山大学長も兼ねていられたのです。その管長で学長の金山老師が、学生に交って自分の講義を聞いていてくれていたと知って、それから間もなく老師のもとへ赴いて教えを乞うと、西田哲学と真言宗旨が似ていることを話され、弘法大師の『十住心論』に及び、それが契機となって、柳田氏は『十住心論』を『日本真言の哲学』という著述にしたのです。

しかし、第一住心から第八住心まで書き、第九住心の半ばに筆を進めたが、どうしてもそれ以上は書けなくなって、残りを金山老師が書き添えました。

この話はずっと以前、観音寺の和尚さんから聞いたのです。

「哲学というのは、外側ばかりぐるぐるまわっていて、かんじん要のどまん中へ飛びこまないのです。宗教は初めから、どまん中へガブリとかぶりついて、一番おいしいところを食べるのです。リンゴをガブリとかじると味がすぐ分かる。かじらないで、リンゴのぐるりをぐるぐるまわって、色がどうの、味はこんなだろうかなんて、くどくどやっているのが哲学です」

和尚さんは、このことを言いたくて、柳田氏の話を例話として添えてくれたのですが……。哲学は前頭葉をフルに駆使して、頭頂葉の世界の消息を言い表わそうとしているし、宗教は頭頂葉の世界を体取して、前頭葉で言いとめているのだと言えます。

十住心の中で、第八住心と第九住心の半分で八五％、これが前頭葉で頭頂葉を知り得る限界、残りの一五％、つまり第九住心の後半から第十住心は、頭頂葉の世界へはいってみた者でないと分からないのです。

前頭葉は分別知、頭頂葉は無差別智の世界です。このことは、分別知の限界と見ていくこともできます。分別知を知性とも名づけたのですが、知性の限界は八五％、真智はもっと深く「いと深きものの姿」であるわけです。

和尚さんのお話を裏づけるところがどこかにないか、ふと今そう思ったので『日本真言の哲学』を見てみますと、はしがきの一番終わりの方に、柳田氏の文章が見つかりました。

「不明の点は何度も何度も老師から直接教示を受け、さらに全篇を老師に通読していただいて、訂正すべき箇所を指摘していただき、さらに不足な点は、老師ご自身に新しく加筆をお願いした。この加筆の分は、第九住心後手および附録を中心に約五十枚にわたっている」（『日本真言の哲学』

一九～二〇ページ）
なお、はしがきの日付は、昭和一七年一一月になっているから、和尚のお話は、そのころのことであったのでしょう。

第25信　宗教は頭頂葉の世界

さて、『十住心論』のことなど書いて『表現学習』へまでペンが進まず、すみません。沖山先生は著述でも講演でも、宗教や自分の信仰については一言も言われません。ただ、研究会の後の少人数での懇談や宿舎へ個人的にお話を伺いに行った人には、時折、この面に触れて話されることもあるようです。

岡先生はその著述の中で、人々の心から知性に射す真智からの光が薄れ、日ましに心が暗闇を深めるので、その暗さは、もはや宗教によってでなければ、救いようのないところまで来ていると嘆かれています。少し、宗教のことを書き加えますが、おゆるしください。

私は、宗教というのは、頭頂葉の世界だと思っています。そして、その入口は後頭葉でないかと考えています。

だから、宗教などと、ばかにしている人は後頭葉がこわれていたり、頭頂葉のどこかにひびが入っているのでないかという疑問をもっています。

宗教を無用の長物だと決めつけたり、信仰をもつ人をあざける人は、他人のことをあげつらう前に、自分の後頭葉が正常に働いているかどうか、頭頂葉が未開拓ではないのかと、真摯に点検してみる必要があるのではないか。そんな気がします。

『十住心論』に読みひたってみると、西欧的学問を土台とした、もろもろの心理学など、沖山先生のことばを借りれば、すべて「表層的な」心理で、部分的です。『十住心論』のもつ、深くて全体的なものに及ぶべくもない。そんな気がします。

その相違は、『十住心論』の発想は頭頂葉を源泉としているが、心理学は前頭葉からの発想だからのように思います。

宗教、ことに宗教が個人の次元に入ったもの、つまり信仰は、すべて後頭葉にかかわることのように思います。キリスト教や浄土宗のような他力を本願とする宗教にあっては、後頭葉が中軸となります。

なにごとのおわしますかは知らねども　かたじけなさに涙こぼるる（西行）

伊勢神宮へ参拝して詠んだ、この西行の歌は、まさしく後頭葉のものです。

ほろほろと　山吹散るか　滝の音（芭蕉）

芭蕉のこの句と、西行のこの歌とは、同じ次元でしょう。後頭葉の世界です。

マルチン・ルーテルの宗教改革は、それまでのキリスト教――カソリックのもつ後頭葉の世界を前頭葉の世界へ映して眺めたものだと言えます。旧教がもつ無差別智の世界を分別知の世界へ引きずりおろしたのが、新教だと解しています。

キリスト教の奇蹟は無差別智の消息です。それを分別知で合理的に解明しようとするから、理くつに合っているようで、本当はよけい分からなくなるのです。

キリストが追われて川を渡ると、川の水が自然に二つに分かれ、キリストは衣をぬらさずに、向こう岸へ渡ったとあります。私にだって、無差別智の世界では、川を渡る時、流れがちゃんと二つに分かれて、道を開いてくれます。

奥の院には千二百年来、弘法大師が生き続けていられると、大師自身おっしゃっています。だから、高野山の和尚さん方は、生き続けの大師に会いに行ってお話をして、大師は確かに生きていられることを、自分で確かめればよいのです。それをしないで、うそだとか本当だとか分別知で論議をしていては、恥ずかしいことです。生き続けているのは、無差別智の消息です。肝臓病が少しよくなって、元気が回復して大口をたたいてしまいました。

第26信　禅の不立文字

前頭葉の感情の座へは、古皮質・後頭葉・頭頂葉の三つから、それぞれの心が流入して来ると考えてきました。

宗教は頭頂葉の世界ですから、頭頂葉と前頭葉にかかわる事がらです。頭頂葉の無差別智の光のよく射しこむ後頭葉と前頭葉のかかわりが、信仰の入口であり、また奥行であることが多いようです。他力宗にあっては、特にそうです。

ただ一つ、禅宗だけは入口を前頭葉におき、座禅は前頭葉の意欲の座を足がかりとし、その抑止力と集中力によって、頭頂葉の世界へはいる手段としています。意志、つまり抑止力や集中力の結果、知性がひらけると前にも書きました。禅宗は、不立文字《ふりゅうもんじ》をたてまえとしています。けれども、禅宗ほど豊富な文字——つまり知性をもっている宗教はないと思います。意欲の座を極限まで働かせるから、おのずと知性が豊かになり、それを表現して詩文となるからです。

絶対他力の念仏を標榜して、人生の帰趨《すう》を示し、如来の大悲を我も信じ、人に教えたのが浄土真宗の祖、親鸞聖人です。聖人によって示された後頭葉を入口とするようすを、『歎異鈔』から二、三抜いてみます。

弥陀の誓願不思議にたすけまいらせて、往生をばとぐるなりと信じて、念仏をまうさんとおもいたつこころのおこるとき、すなわち摂取不捨の利益《りやく》にあづけしめたまふなり。弥陀の本願には、老少善悪の人をえらばず、ただ信心を要とすと知るべし。

「往生をばとぐるなりと信じて」「老少善悪の人をえらばず、ただ信心を要とすと知るべし」この「ただ信心」の「信」が、後頭葉の心です。ところが、この「ただ信心」という後頭葉に立脚して救われる立場を忘れて、前頭葉の分別知にたよれば救われると考えている人たちのことを、次のように書いています。

しかるに念仏より外に往生のみちをも存知し、また法文《ほうもん》等をも、しりたらんと、こころにくくおぼしめしおわしましてはんべらんは、おおきなるあやまりなり。もししからば南都北嶺にもゆゆしき学生《がくしょう》だち、おほく座《おわ》せられさふらふなれば、かの人にも、あひたてまつりて、往生の要よくよく聞かるべきなり。

「ただ信心」によって遂げ得べき往生を、前頭葉の分別知や、その所産である側頭葉の法文などによっても往生のみちがあるなどと思うは、まちがっている。もしそうならば、分別知で宗論をあげつらっている南都北嶺の学僧たちは、みな極楽往生をとげるはずなのに、だれ一人そうなっ

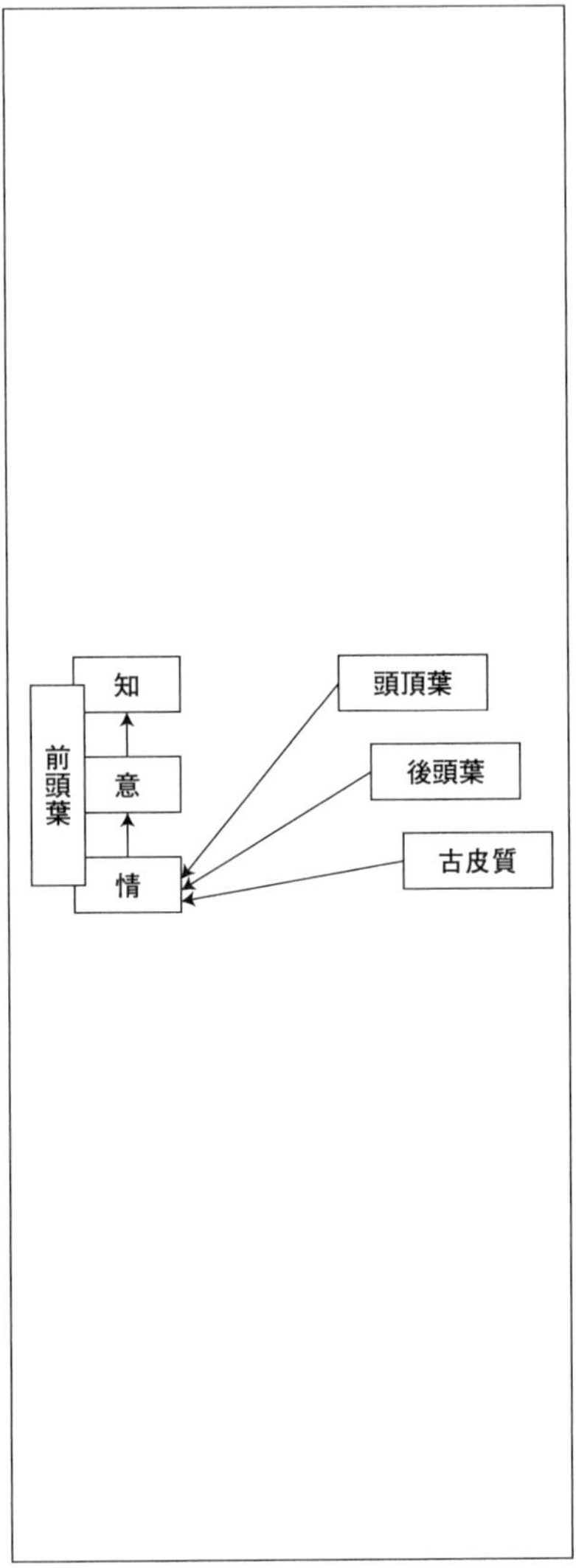

ていないではないか。

親鸞においては、ただ念仏して弥陀にたすけまいらすべしと、よき人のおほせをかうふりて信ずるほか別に子細なきなり。

聖人にあっては「ただ」念仏し、よき人（法然《ほうねん》）の教えを「信ずる」後頭葉の心以外に、往生の道はないのだ。そう言いきって、次のことばに続けています。

第27信　さらに後悔すべからず

念仏はまこと浄土にむまるる種にてやはんべるらん。また地獄におつる業にてやはんべるらん。総じて存知せざるなり。たとひ法然上人にすかされまいらせて、念仏して地獄におちたりとも、さらに後悔すべからずさふらふ。

このような「信」は後頭葉、つまり第二の心の所産です。ところが、こういう「信」を持ち得ないで、「信」の問題を前頭葉で解しようとする状態を親鸞は次のように述べています。

（1）本願を信じ、念仏をまうさば仏になる。

（2）その他なにの学問かは往生の要なるべきや。

（1）第二の心で、すっと「信」に入る後頭葉の世界が大事だ。

そこには豊かに無差別智がさしこんでいる。

（2）それを前頭葉の世界へうつし、分別知で「信」を解きほぐそうとして勉強しても往生とは、さして関係ないことだ。

（3）まことにこのことわりにまよひはべらんひとは、いかにもいかにも学問して本願のむねを知るべきなり。

（4）経文をよみ学すといへども、聖教《しょうぎょう》の本意をこころえざる条、もとも不便《ふびん》のことなり。

（3）「信」は無差別智の光に照らされて生まれるものだということが、どうしてものみこめない人は、前頭葉の分別知で「信」のことを知的に知ろうと努力するがよい。

（4）無差別智の世界を分別知で知的にいくら知ろうと努力しても、決してわかるものではない。わかるはずのないものを分別知でわかると思いこんで、経釈の勉強をするものは、まことにかわいそうだ。

後頭葉からスッと信に入る道を「易行」、前頭葉へうつして知的にわかろうとするのを「難行」と区別し、難行を聖道門とよび、次のように書いています。

学問をむねとするは聖道門《しょうどうもん》なり、難行と名づく。あやまて学問して、名聞利養のおもひに住するひと、順次の往生いかがあらんずらんといふ証文もそふろふべきや。

「信」の問題を前頭葉へうつして知的に解しようとしている中に、前頭葉へは古皮質の心も流入してくるから、学問つまり前頭葉の情緒の働き（知）の中へ、古皮質からの己我の要素が混入して、名聞利養のためのものとなったりして、往生の本道から、はるかにかけへだたってしまうというのです。

後頭葉の「信」に立脚するこのような宗教に対して、前頭葉に立脚して「信」よりは「疑」に発して「信」を見きわめようとするのが禅宗です。

前頭葉は意識の座であり、情緒の所在でした。情緒の働きを知と名づけ、前頭葉の知を分別知だと言いました。禅宗が「疑」より発足する宗教だというのは、この分別知に対する根本的な疑いです。疑って疑って分別知をぎりぎりのところまで追及して、分別知を絶して、その根源に無差別智の厳存することを体取する宗教です。

真宗や禅宗のことに触れてきました私は、宗教のことを述べるつもりではなく、構造論を考える上で、知や意識が大切な要素であり、それを説明するには、宗教のことが適当な例だと思うから、これに触れているのです。しばらく辛抱して聞いてください。

第28信　無意識の世界

宗教は後頭葉を入口として、信仰は後頭葉の心である「信」に基づくと述べてきました。けれども、禅宗だけは前頭葉の心に立脚し「疑」にはじまって、前頭葉の意欲の座に本居をおくのが座禅だとも述べてきました。

前頭葉の働き、つまり「知」は分別知でした。禅における「疑」とは、この分別知に対して投げかける疑いです。分別知を疑い疑い尽くして、ついに分別知を裁断して、分別知を超えていくのが座禅です。分別知を切断して分別知を超えると、そこにひらけるのが無差別智の世界です。無差別智は、頭頂葉のものでした。だから、座禅は、前頭葉の世界を絶して、頭頂葉の世界に到る方法だと言い表わせます。方法が直ちに目的でもあるのが禅宗です。

働きという観点から眺めると、前頭葉は分別知、頭頂葉は無差別智でした。これを意識するという観点から眺めると、前頭葉は意識、それに対して頭頂葉は無意識でした。だから、座禅は意識を否定して無意識へ入る手だてだと言いかえることができます。手だては勿論めあてそのものでもあるわけです。

一遍上人は、浄土宗の僧です。ある禅師について座禅し、その心境を述べる参禅のとき、境地を次のように表わしています。

「となふれば仏もわれもなかりけり南無阿弥陀仏の声ばかりして」

弥陀の本願を信じて、その名を唱え奉れば、極楽往生疑いなしという「信」に立つ一遍上人の後頭葉の世界を、それでは、その極楽とはどんなところか示してみなさいと、禅師は「信」を「疑」にかえて、前頭葉の世界へ一遍上人を引き入れたのです。そこで、頭頂葉からの豊かな無差別智に浸りながら、易行の称号をしていた一遍は、称号を分別知で見直し、意欲の座へ称号の立場をうつし、意志力による難行の称号を行じたわけです。

「となふれば」、唱えていることを意識している間は前頭葉の世界です。それが「仏もわれもなかりけり」という状態になると、唱えているという意識が消えて、ただ、「なむあみだぶつ」と無意識に唱え続ける。その時は、頭頂葉の世界へ入っているわけです。

唱え続けるうちに時折り、自分はいま唱えているのだという意識がもどってきます。無意識に唱えている状態から、唱えているという意識がもどると、前頭葉の世界へもどります。その意識を、意志で「なむあみだぶつ」と唱えることに集中して唱え続けると、唱えているという意識が消えて、無意識で唱え続ける状態になり、頭頂葉の世界へ入る。その状態が「南無阿弥陀仏の声ばかりして」という下の句の「南無阿弥陀仏」なのです。「声ばかりして」というのは、唱えている自分を意識しているから、前頭葉の世界へもどっているのです。

この心の過程は、構造論における第一構造の心の過程です。「なむあみだぶつ」の称号の代わりに、教材となる文章に置き代えてみればよいのです。

第29信　教育の足がかり

称号を、よみとりの教材の文章に置き代えて、第一構造の心理過程を表わしてみます。
（1）「となふれば」→（2）文章に読みひたれば（意識）→（3）前頭葉の意欲の座の意志が、文章に集中して、前頭葉の世界をひきしめる。
（1）「仏もわれもなかりけり」→（2）自分の心に書き手の心が隈《くま》なく映って、我と文章（書き手）が一つになって（無意識）→（3）読みとしての自分の意識がしだいに統一して、己我がしだいに薄れ、心が澄み、文章が自分となる。それを無意識という頭頂葉の世界へ入る。
（1）「南無阿弥陀仏」→（2）文章が我（無意識の内容）。
（1）「の声ばかりして」→（2）「みとおし（意識で、無意識の焦点を書きとめたもの）→（3）ふっと自分にもどる――無意識であった自分を意識する――。頭頂葉の世界から前頭葉の世界へかえる。無差別智の世界を分別知で端的に言い表わす。それが「みとおし」。（（1）は一遍聖人のことば。（2）は構造論の「みとおし」の過程。（3）は、大脳生理における心の動き）
文章で、いちばん短いのは俳句です。右のことがらを、俳句で、もう少し具体的に述べてみます。

もう少し、次の表について説明が必要であるかも分かりませんが、とにかくこのように考えています。この考え方で、いちばん大切なことは、前頭葉の中で意欲の座、つまり意志の力を重視していることです。

となふれば	俳句をよみひたる（三句とも芭蕉の句です）		
	閑けさや岩にしみいる蝉の声	ほろほろと山吹散るか滝の音	秋風の吹くとも青し栗のいが
仏もわれもなかりけり	深閑とした中にせみのこえがきこえてくる	静寂とした中に山吹のほろほろ散るさまが見え、滝の音がきこえる	身のひきしまる涼々とした冷風にまだ青いくりのいがが目にうかぶ。
南無阿弥陀仏	ミーンミーン あるいはジーンジーン	ゴーッ（滝の音）	きぜんとした青い栗のいが
の声ばかりして	（みとおし） ミーンミーン	ゴーッ	りんりん　凜然《りんぜん》

教育は、意識を足がかりとして営む仕事です。ことに、明治以降の学校教育においては、それが、一つの伝統的な系譜になっています。

意識は、前頭葉が司る営みでした。意識する心を「情緒」と名づけました。教育とは具体的に言うと、情緒の教育に外ならぬのです。情緒には、情・意・知の三つの面があり、それは前頭葉の感情の座・意欲の座・思考の座によって営まれ、感情の座へは、古皮質・後頭葉・頭頂葉の三つから、それぞれの心が流入して、情緒の状態、つまり情が成立します。その情を方向づける意志は、意欲の座の営みによって持続し、集中し、あるいは抑止する。その意志力によって拓《ひら》けるのが「情緒の働き」です。それが知であることは、くどく繰りかえしました。

教育は、このような機能をもつ前頭葉を正しく伸ばし、培い、育てる仕事です。前頭葉の三つの座のうち、意欲の座、そこに育つ意志が、前頭葉の「中軸」となりそうだというところまで、書きました。

第30信　持続・集中・没入

情を方向づけるのは意志の力だし、知性がひらけて思考を可能にするのも、意志の力です。意志は、前頭葉の意欲の座から生まれます。

「教育する」ということは、子供たちが、前頭葉をよく使い、子供たちの前頭葉がよく働くように導いていくことなのです。その前頭葉が、よく働くようにするためには、何よりもまず、子供たちの「意志力をしっかりしたものにすること」が大切です。意欲の座をしっかりしたものにしておかなければならないのです。

このことは、非常に大事なポイントだと思います。意志の中味は、集中力や没入力や持続力といったものを要素として挙げられます。これらの要素を、すべて含めて「意志力」というのです。心を情緒と言ったように、意志力を「抑止力」とよぶことにします。

抑止力は、時間と密接な関係があります。抑止力の要素は、持続・集中・没入のどの一つも、時間とかかわるものばかりです。むしろ、抑止と時間は、一つのものの裏と表とさえ言えます。表裏一体のものです。

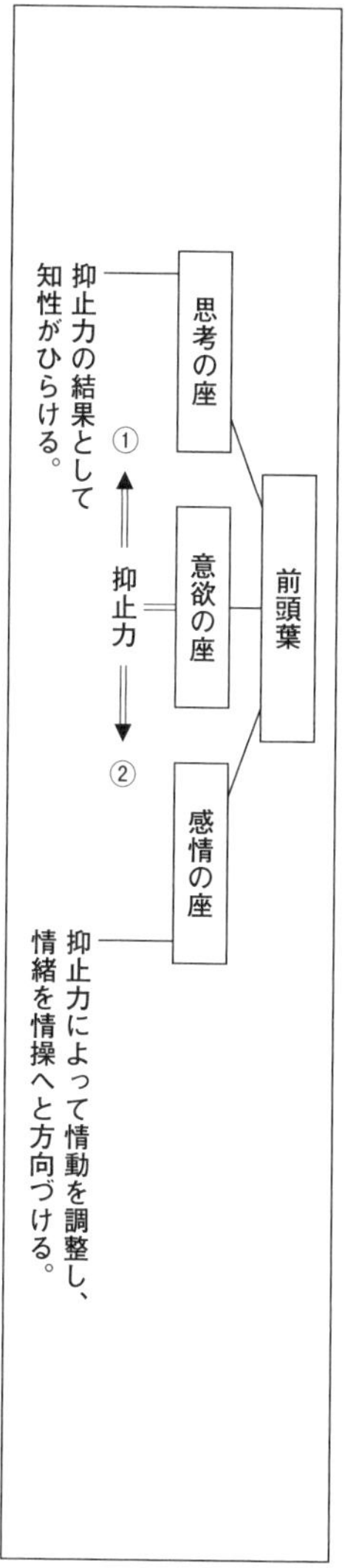
前頭葉
思考の座
意欲の座
感情の座
①
抑止力
②
抑止力の結果として知性がひらける。
抑止力によって情動を調整し、情緒を情操へと方向づける。

時間には、二つの種類があります。「客体的時間」と「主体的時間」です。

客体的時間というのは、時計の針によって示される、ふつうに私たちが使っている時刻とか時間とかよぶ、知的認識する「時」のことです。

それに対して、主体的時間というのは、私たちが、具体的に日常生活で体取する時間です。そして、抑止力と表裏一体の実質を体得できるのが、この主体的時間です。この主体的時間を「有《う》時《じ》」と名づけています。

情緒が情操へと方向づけられるのも、時の経過によることが多いのです。

紫蘇濃き一途に母を恋ふ日かな（波郷）

物安きむかしゆかしや嘉定餅（素丸）

座摩祭古き舟場を思ふ也（千燈）
白地着てこの郷愁のどこよりぞ（楸邨）

先日届いた山本健吉編の『俳句歳時記』「夏」の終わりの方をめくっていると、右の句が見つかりました。みな、時間の経過、それは何十年という歳月の経過があることに気がつきましょう。谷間の灯火のなつかしいのは、太古、人類が火を用い始めたころの記憶がよみがえるのだと、前に書きました。この四つの句は、生涯の中の時の経過で、太古よりのものと比べると短いけれど、五十年、七十年の一生の中の何十年かの時の経過ですから、生涯ということから言えば、よほど長い時の経過です。

情緒が情操へと方向づけられるためには、時間が必要です。この場合の時間、すなわち抑止力は濾過紙のように、夾雑物を濾化して、純粋な情としてたたえられ、恋しさ、ゆかしさ、なつかしさとして、前頭葉の意識にのぼるのです。

第31信　没入の深浅にかかわる

教育は、前頭葉の機能を十分に発揮できる子供を育てる営みです。前頭葉の機能を十分に発揮させ得るためのポイントは抑止力、つまり、意欲の座を確かなものにすることです。戦後の新教育の最大の欠陥は、このポイントを見失っているところから生じるように思います。

時間 ＝ 抑止力

(1) 客体的時間＝時計の針で刻む時間とか時刻とかいうもの。知的認識する「時」のこと。
(2) 主体的時間＝人がそれぞれ自分で体取する「時」。道元禅師が「有時《うじ》」と名づけた「時」のこと。

時間と表裏一体のもの＝前頭葉が知的認識できるのも、情緒が情操へと方向づけられるのも、この作用、つまり前頭葉の意欲の座の働きによる。

学習態度ということも煮つめると、前頭葉に抑止力が培われているか否かということになります。態度（学習の）というのは、抑止力の要素である、持続・没入が、意欲の座にどれほど定着しているかということにかかわる問題です。そして、持続と没入は、知的認識のできる時間ではなく、主体的な「有時《うじ》」に根ざすことがらです。

第一時限は、八時半から九時十五分までの四十五分間というのは、客体的な時間です。この四十五分の授業に、子供たちが打ちこんで、いつのまにか知らぬまに時間が経ってしまっていたと言うのが、主体的時間、つまり「有時《うじ》」です。

「有時」は、時計のきざむ時間の長短にかかわりなく、没入の深浅にかかわる「時」です。没入の深いときは一時間は一分より短く、没入浅く散漫なときは、五分が一時間より長く感じます。

前頭葉の分別知から、頭頂葉の無差別智へ入っていく可能性は、この「有時」によるのです。

このことは、学習の肝心かなめなので、後で詳しく考えてみようと思っています。「尽」を抑止力と考えると、『正法眼蔵』にある次の道元のことばがわかりましょう。

「いわゆる有時は、時すでにこれ有なり、有はみな時なり。」

「有時みな尽時なり、有草有象ともに時なり、時時の時に尽有尽界あるなり。」

「尽界にあらゆる尽有は、つらなりながら時時なり。有時なるによりて吾有時なり。」

「これわがいま尽力して現成《げんじょう》するなり。（……）わがいま尽力経歴にあらざれば、一法一物も現《げん》成《じょう》することなし。」

・四方より花吹き入れて鳰《にほ》の波（芭蕉）

にほの海は琵琶湖、湖面湖上一面の花吹雪。息をつめてみつめる作者。作者は吹雪の中にとけています。

・囀りに恍と赤子の睫毛立つ（昭）

赤ちゃんの有時、「恍と」に有時の面目が全露している。それを見る作者も恍としばし有時に入る。

・落葉焚く不思議な時間過ぎにけり

火の美しさにみとれている作者。時間の経つのを忘れている。ふと意識がもどり、有時に入っていた自分に気づく。その有時を「不思議な時間」とよんでみた。

・一度は夫帰りこよ蔓珠沙華

夫の墓にもうでて、慕情切に有時に入る。まんじゅさげの赤さに、切々たる作者の有時の色彩。

・怺え怺えし雪擦乱と降りいだす

抑止をしつくして、ひらける有時の世界。擦乱、一途、そのもの、それだけの世界。雪はただ舞う。ただ舞いに舞う。

第32信　各教科が孤立独走

思うまま、かってなことを書き送っています。文部省がいくら教科改訂をしても、要するに、各教科はみな孤立して、各教科の底に一貫し共通したものを見出せない気がします。何のために改訂するのか、私にはのみこめない気持がしています。

（1）そこで、各教科を子供たちの成長発達に伴う情緒の分化発展という角度で位置づけ、それによる教育を具体的に開拓してみようという考えが、私の心にくい入ってきた。その分化発展のオリジン近くに、上田先生の実践が（これはかつての大谷小全員の実践）きわめて価値高く存在していると思うのです。是非、先生に私の考え方を聞いていただきたいと思ったこと。

（2）そして、その方法原理を大脳の生理に基づいて実践的に樹立してみたく思い、上田先生の実践に取り入れていただく考え方の一つともなればと、先生にお願いしておこうと思ったこと。

それで、他の人に気づかったり、はばかったりという気持なしに、思いのままを書いてきました。行ったり、もどったりしていることも多いと思います。が、この辺で、一つだけお断わりしてお許しを得ておきたいことがあります。

大脳生理に基づく教育というのは、これからの教育構想で、医学と教育とが、ぴったりと結びつくところまでは十分にいっていない。たとえば、創造の座が頭頂葉にあるとは、岡先生が言っているだけで、時実氏の皮質図をみても、クレッチマーをみても、前頭葉においています。だから、今のところ仮説にすぎないという部分も多いのです。でも、これが真理だということが明らかになるまでは、仮説は真理として扱っていくのが常道ですから、そうしていくことにしています。

仮説だけれど、この仮説の上に立って、いろいろの意見を仮説に照らしてみると、筋がよくとおるのであれば、真理に近いというように考えています。

沖山先生の『表現学習』を、ぽつぽつ読み続けて、いまちょうど一二五ページまでたどりつきました。

一二三ページの終わりごろから、一二四ページの初めごろまでに、次のように書いていられます。

> 文化の伝承を過去のものを過去のものとして受けとるというのでは、単なる知的伝承となり、いたずらに、その量をほこり、過去の残骸を保存するという、静的なものとなる。知識というものをただ単に保存するという静的なもの、量的なものと考えるのは、今日的な意味ではない。生産的な意味ではない。

沖山先生のこのことばは、側頭葉を中心にすえた教育のことを述べていること、すぐ分かります。つづいて、次のように書いています。

生産的な立場において、伝承するという知的生産の糧としての文化の伝承が、新しい意味の「知識」の概念であるということは、さきにドラッカーを引き合いに出して述べたとおりである。

これは、前頭葉の命令で側頭葉を使うことが大切だということを、こう表現しているのだと解していけましょう。

新皮質の各部の機能を分析的に孤立した働きのような書き方をしてきましたが、新皮質も古皮質も、みな本当は、有機的・総合的に働いているものなのです。分別知には、いつも無差別智が地金として働いているし、側頭葉でしめくくっている五感、つまり、感覚器をとおして受け入れる外界に対するもろもろの感覚も、それを構成して自分の感覚だと自覚するためには、前頭葉の働きが根底に加わってくる。

というように、各部分はすべて、統合され、全体の中の部分として働いていることは、言うまでもないことです。このことを、側頭葉の働きをとらえて、もう少し説明してみることにします。

第33信　見れども見えず

側頭葉には、記憶と判断の座があります（中心溝と側溝によって二分されている。後部で外の事象を受けとめる）。

梅若菜まりこの宿のとろろ汁

これは感覚の句だから、側頭葉に配しました。山本健吉の歳時記「夏」の部の二、三ページから同種の句を拾ってみます。

水打って酸漿市《ほほづきいち》の出盛れる
梅干すや庭にしたたる紫蘇の汁（子規）
赤もさびしからむしの茎赤蜻蛉（蓼汀）　※からむしは苧麻、真麻のこと
麻の葉のきりこみ深く涼徹す（林火）
なんばんの花きらめきの絶ゆまなし（蜈橋）
噴井あり凌霄これを暗くせり（風生）

ゆふばえにこぼるる花やさるすべり（草城）

「見れども見えず、聞けども聞えず」ということばがあります。「見る」のは視覚で、視覚は後頭葉にあり、「聞く」のは聴覚で、聴覚は側頭葉にあります。ただ、ばく然と視覚にうつり聴覚を刺激しているのでは、「見えた」ことにも「聞いた」ことにもならないのです。

視覚も聴覚も感覚です。感覚を統合するのは、側頭葉だと初めに書きました。

第一句は、酸漿市での感覚です。その感覚の焦点は、初五の「水打って」です。「水打って」の焦点に出あって、酸漿市が「見えた」のです。打水した酸漿市、それをうつしたのは視覚で、側頭葉です。けれども「水打って」の焦点を成立させたのは、前頭葉の水を打っていることに注意力を集中させた意欲の座の働きです。

注意力の集中というのは、前頭葉の感情と意欲が一点に集まることを言います。「水打って」の焦点によって、酸漿市を見させたのは、前頭葉の働きです。そして、さらに、暑い夏を水打ってすがすがしく、涼しげに感じる、酸漿市に美しさを感じる美意識は、感情の座のもので、その美しさを値うちあるものとする心は、頭頂葉から前頭葉へ流れ入る価値観によるものです。真・善・美・聖を価値といい、情操の内容を形づくるものです。

水打っていても、つまらないと思えば、酸漿市のこの句は生まれないでしょう。

そうすると、この句は感覚で側頭葉の句だけれど、句を成立させるためは、前頭葉の感情・意欲が働き、さらにその奥深く頭頂葉が働いているということになります。分析すると、こう言い表わすより外ないけれど、これらは同時的に働くものです。

今まで、新皮質の四つの部分を分析的に、その機能を書いたけれど、それは、ばらばらなものでなく、同時的、全体的なものだというふまえ方に立っていることを、いちばん根本の了解事項として受けとってくださるようお願いいたします。

第34信　表現学習の根源

第二句　梅干すや庭にしたたる紫蘇の汁（子規）

梅干す、庭、紫蘇の汁、そのしたたり、みな視覚です。視覚は後頭葉に備わる感覚の器官です。

（1）杏でもブドウでもない。うめぼしにした梅だ。

（2）したたっているのは、紫色のファンタでなく、紫蘇の汁だ。

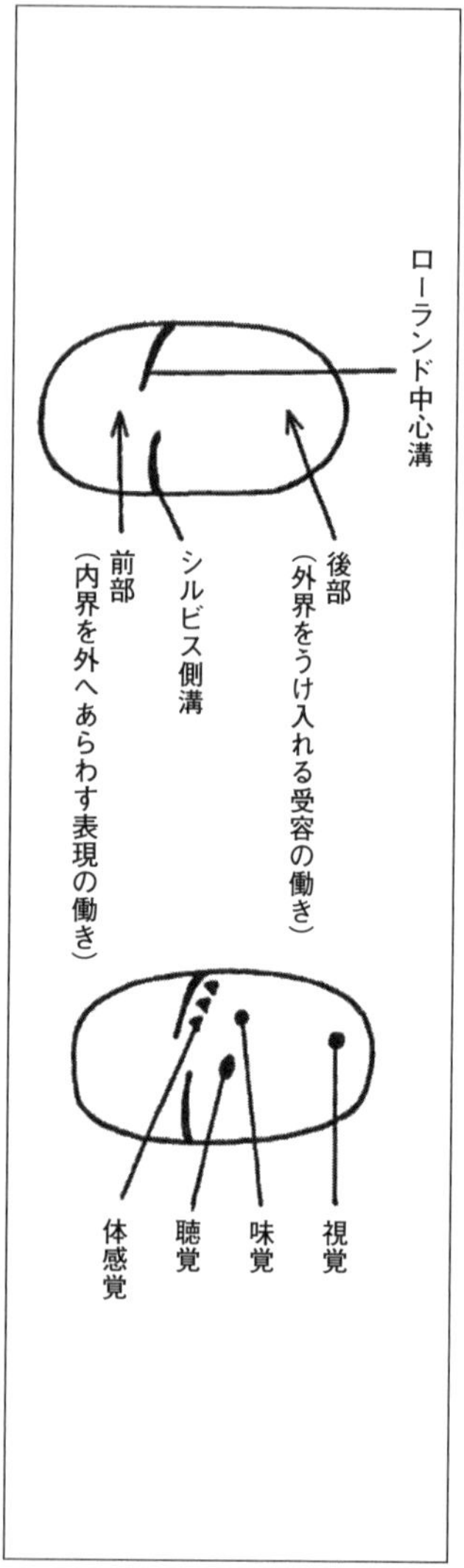

（３）したたり落ちている場所は、砂でなく、庭の上だ。

（１）（２）（３）は、みな判断です。判断の座は、側頭葉にありました。さらに、この判断を下す場合、杏、ブドウ、梅の記憶の中から、まるい実は梅だと判断し、清涼飲料のファンタも紫、紫蘇の汁も紫、この紫の汁は、紫蘇の汁だと判断し、砂と土の記憶の中から汁がしたたり落ちているところは、土だと判断をします。土にしたたる、紫蘇の汁の情景、外界をうつし出し、それを見るのは、視覚の働きです。その視覚にうつる一つ一つのものを、梅だ、紫蘇の汁だ、土だと記憶に照らして判断するのは、側頭葉です。

大脳新皮質は、中心溝と側溝によって、前部（前頭葉）と後部（後頭葉と側頭葉）に分かれ、後部は受容の働き、前部は表現の働きを司ります。

後部に備わる感覚器官の座の、およその位置は、前ページに示した図のとおりです。これらの座が、受容した外界は、側頭葉の記憶に照らして判断するのですから、後部の中心を側頭葉において、側頭葉が感覚を統べくくると前にも書いたのです。

第二句の上記事項を図表化しますと、次のようになります。

ところで、こういう外界の受容過程だけによって、第二句が生まれたのだろうかと考えてみると、こういう受容過程だけで、句ができるとは思えません。

紫蘇の汁が庭の土にしたたるのを見て、「あ、これは句になる」という、思い・考え・ひらめきがあるはずです。この句の成立は、目にうつった情景を「句」になるととらえる。そのとらえ

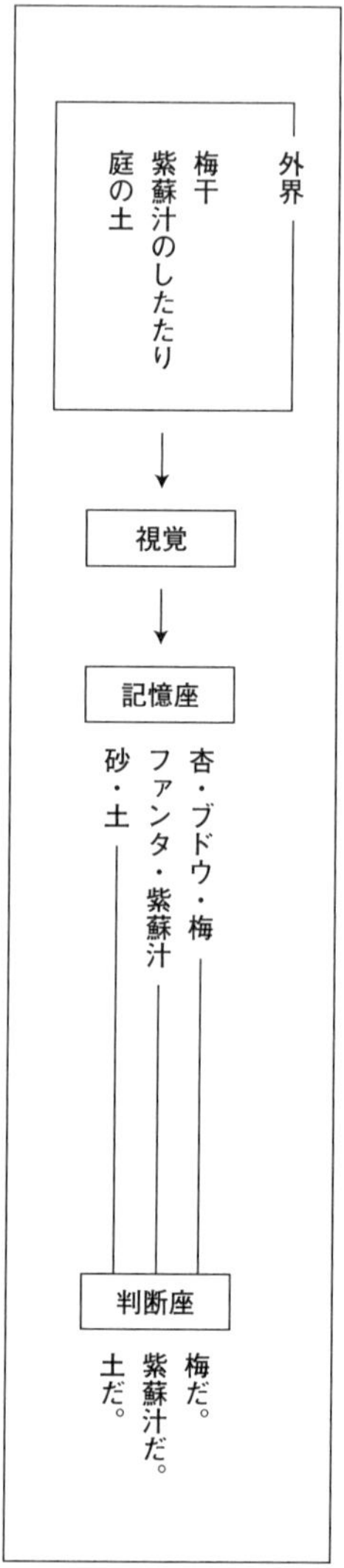

（思い・考え・ひらめき）があって、句ができるのです。

そのとらえ、ひらめきは、頭頂葉の働きです。これは句になる、これは句にならぬという撰別の底には、価値観がひそんでいる。句になるという、ひらめきは、句にする値うちがあるということで、値うちとは、価値のことです。価値の中味は真・善・美・聖でした。句は、美に連なる価値といってもよいでしょう。

頭頂葉のひらめきは、前頭葉の感情の座へはいって意識となります。つまり、ひらめきは、情として、まず動くのです。したたり落ちる紫蘇の汁に意識を集中します。意欲の座が働いて、その結果、句作となります。句に作りあげるのは、知性によります。今、見つめている紫蘇のしたたりを、どのことばで表わしたら的確に表現できるかと、句を練ります。

この句になるというひらめきを、岡先生は「識域下にすばやく映像を結ぶ」と言い表わしています。表現学習の根源は、この識域下のすばやく結ばれる映像です。

第35信　陰えいの深い叙写

第二句で述べたことを表にしてみました。

第一句も第二句も、感情の座の状態を、句の字面には出していません。第一句では「水打って」、第二句では「紫蘇の汁」の奥に、それが秘められています。ところが、第三・第四の二句には「赤もさびし」「涼徹す」と感情の座の状態を、句の字面に表わしています。

第三句　赤もさびしからむしの茎赤蜻蛉（蓼汀）
第四句　麻の葉のきりこみ深く涼徹す（林火）

からむしの茎の赤さ、麻の葉のきりこみの深さ、それを見るのは、目による視覚で、茎・からむし・麻の葉など、すべて側頭葉の記憶に照らした判断です。けれども、それらを「赤もさびし」「涼徹す」と、とらえるのは感情の座の状態で、前頭葉の情緒です。

感覚（側頭葉）を情緒（感情の座・前頭葉）でとらえて、文字表現したものを、鈴木三重吉氏は、文章の陰えいと名づけています。子供たちの作文に陰えい深い叙写があらわれることが、子供の心が豊かになった証左だと言っていました。

五年生男子の「魚とり」という作文の中に、早春の谷川で魚とりをして、友だちと帰ろうとして、トロッコ道を歩いていると、「どこからともなく、みじみじというような音がした」という叙写がある。その作文の批評の中で、三重吉氏が、「私も若いころの作品で、早春のころ傾斜地にトカゲがいて、歩くたびに乾いた土がほろほろと落ちる様子を描写したことがあるが、私は、ほろほろと落ちる様子は書き得たが、みじみじという音までは書けませんでした。この点、私よりこの作文の作者の方が上です」というように書いています。

からむしの茎や赤蜻蛉の赤、麻の葉の深い切りこみ、それを情緒で受けとめている。この二句は、陰えいの深さがあると、鈴木流に言えるでしょう。

七つの句を感覚による側頭葉の句として並べましたが、こうして見ると、前頭葉にかかわり、前頭葉にかかわることにより、陰えいが生じると言えましょう。

新皮質の四つの部分の働きを、分析的に書いてきたが、ばらばらでなく互いにかかわって、統一的に働くことを述べたくて、少し、くどくどと述べてきました。

第五、六、七句も、陰えいの深さのある句です。ということは、側頭葉の句として書きとめたけれど、前頭葉にもかかわり、次の表のように見ていくと、頭頂葉にもかかわっているのです。

このことを、はっきりさせた上で、七つの句は、側頭葉の句と分類してみるのです。

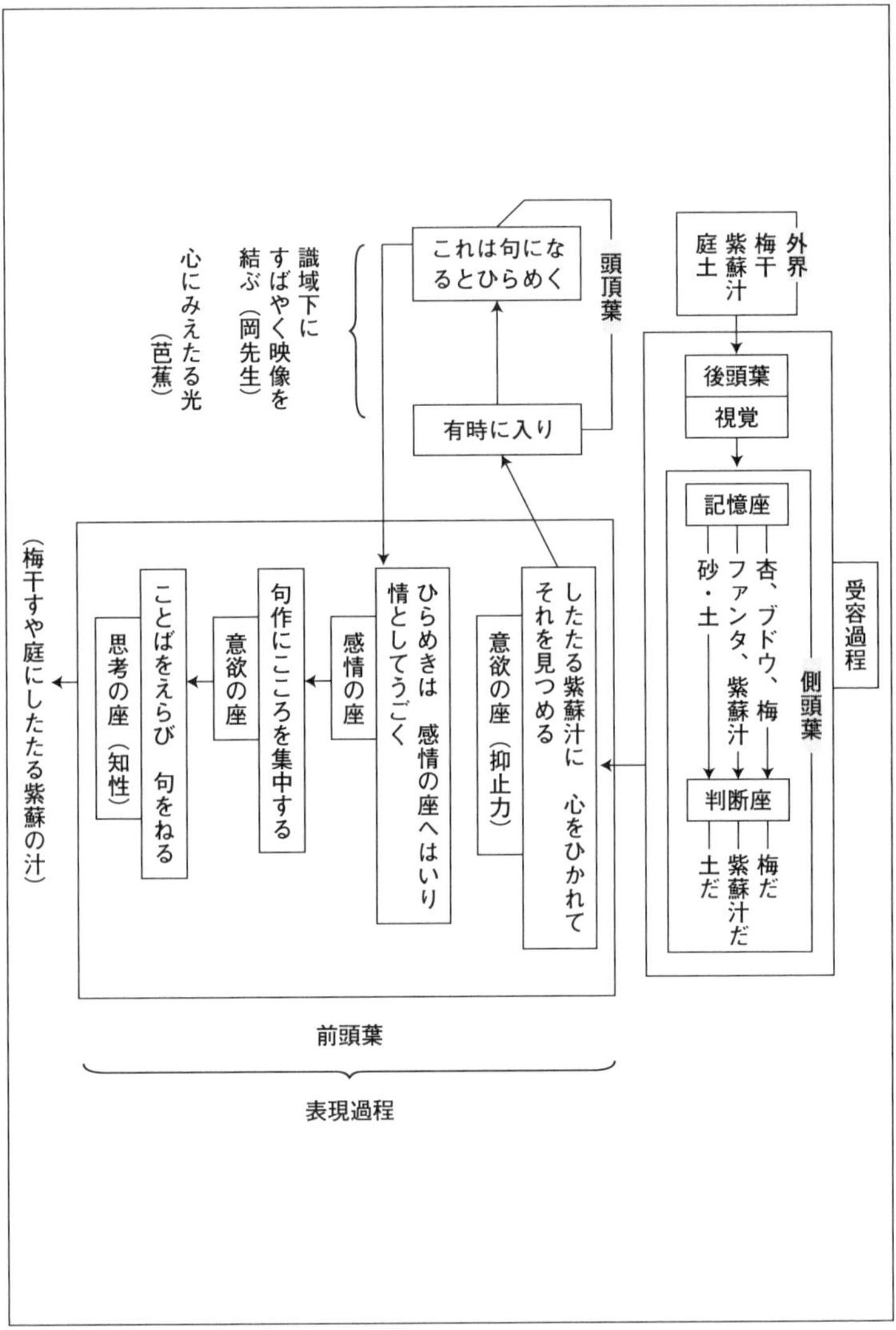
外界
梅干
紫蘇汁
庭土
受容過程
後頭葉
視覚
側頭葉
記憶座
杏、ブドウ、梅
ファンタ、紫蘇汁
砂・土
判断座
梅だ
紫蘇汁だ
土だ
頭頂葉
これは句になるとひらめく
有時に入り
識域下にすばやく映像を結ぶ（岡先生）
心にみえたる光（芭蕉）
したたる紫蘇汁に　心をひかれてそれを見つめる
意欲の座（抑止力）
ひらめきは　感情の座へはいり情としてうごく
感情の座
句作にこころを集中する
意欲の座
ことばをえらび　句をねる
思考の座（知性）
（梅干すや庭にしたたる紫蘇の汁）
前頭葉
表現過程

第36信　みとおしは端的に

第三句には「赤もさびし」、第四句には「涼徹す」と、前頭葉の感情の座の状態が表現面に現われていました。第五句以下は、直接現わしていません。

第五句　なんばんの花きらめきの絶ゆまなし
第六句　噴井あり凌霄これを暗くせり
第七句　ゆふばえにこぼるる花やさるすべり

でも、この三つの句を読んでいると、まず伝わってくるのは、作者の感情の座の状態です。なんばんの花、のうぜんかずらの花、さるすべりの花、その外界を写し見るのは視覚です。けれども、それらを「きらめき」「暗くせり」「こぼるる」と受けとめるのは、感情の座の状態です。視覚を通して見える外界を、漫然とでなく、焦点をしぼって見得るのは、情緒が外界を受けとめるからです。視覚は側頭葉に属し、情緒は前頭葉に属します。

滾々と湧くふけいがあり、のうぜんかずらがその上をおおって、朱色の花が咲いて噴井に深いかげを与えている。それがさわやかな涼感をよびおこさせる。ふけいと凌霄を「暗くせり」と受けとめて、句が成立しました。

ふけいあり藤花これを暗くせり
噴井あり葛花これを暗くせり

ふけいとつる花とですが、それが「暗くせり」とは、しっくり結びつきません。のうぜんかずらの茂りに点々と明るく咲く朱色の花と、滾々と湧きたたえる噴井、その二つを「暗くせり」と受けとめた情緒によって、句になりました。この「暗くせり」と受けとめる情緒がなければ、句にならないのです。

つまり、表現（句）は、目に写る外界によって生まれるのではなく、うちらの情緒に、外界を受けとめる受けとめ方（構成する力）が備わって表現が生まれるのです。その表現の相が、文字をかりると句や文章、形をかりると絵や彫刻、音をかりると音楽というようになると考えるのです。

情緒が「暗くせり」と、受けとめ句に表現するとき、その受けとめの底には、これは句になるという気づきがあります。この気づきは、句にする値うちがあるということなので、知的に言いあらわすと価値観、情的に言いあらわすと情操です。

価値観や情操は、頭頂葉のものなので、前頭葉が「暗くせり」と受けとめるのは、前頭葉の働きからいうと、分別知で「暗くせり」と受けとめたことが、句になると気づくのは頭頂葉の働き、つまり無差別智によるのです。

前頭葉の分別知が働くとき、その底には、必ず頭頂葉の無差別智が働いていると、岡先生は言われています。


構造論の「みとおし」は、この「暗くせり」のところを端的にとらえる段階です。受けとめ（前頭葉）の核心、気づき（頭頂葉）の本源をつかむ学習だと考えるのです。

表現学習は、気づきや受けとめの核があって、表現が可能なのです。だから、この核を子供の心に育てることが、表現学習の根本問題です。この根本のところを、芭蕉は「心の中に見えたる光」と言い、岡先生は「識域下にすばやく結ぶ映像」と言われています。かりにそれを短いことばで「発想」とよぶことにします。表現学習で、いちばん大事なことは「発想」の問題だと考えます。

第37信　デューイの教育理論

しばらくと思っている間に、いつの間にか日が経って、大分ご無沙汰してしまいました。八月二三日の朝日歌壇の中に、宮柊二選の歌に、次のようなのがありました。

遺されて老いてゆく吾れが今にして戦の日をおろかにも恋う（道子）

この歌を、次のように評しています。

矛盾をいだいて生きてゆくのが人間だけれど、心中のその矛盾を告白することはむずかしい。しかし、この歌は、その矛盾を告白している。「夫の還る日を信じてひたすらに生きた戦いの日々、まだ若かった私。あの憎むべき戦争をさえ、今になって恋うるとは、おろかさも甚しいけれど――。」という添書と共に、告白しがたいその矛盾の告白の故に、この歌は読む人の心に、限りなく拡がってゆく思いを与えるであろう。

情緒の澄んだものを情操といい、情緒が澄むためには、時日がいると前に書きました。二十年、

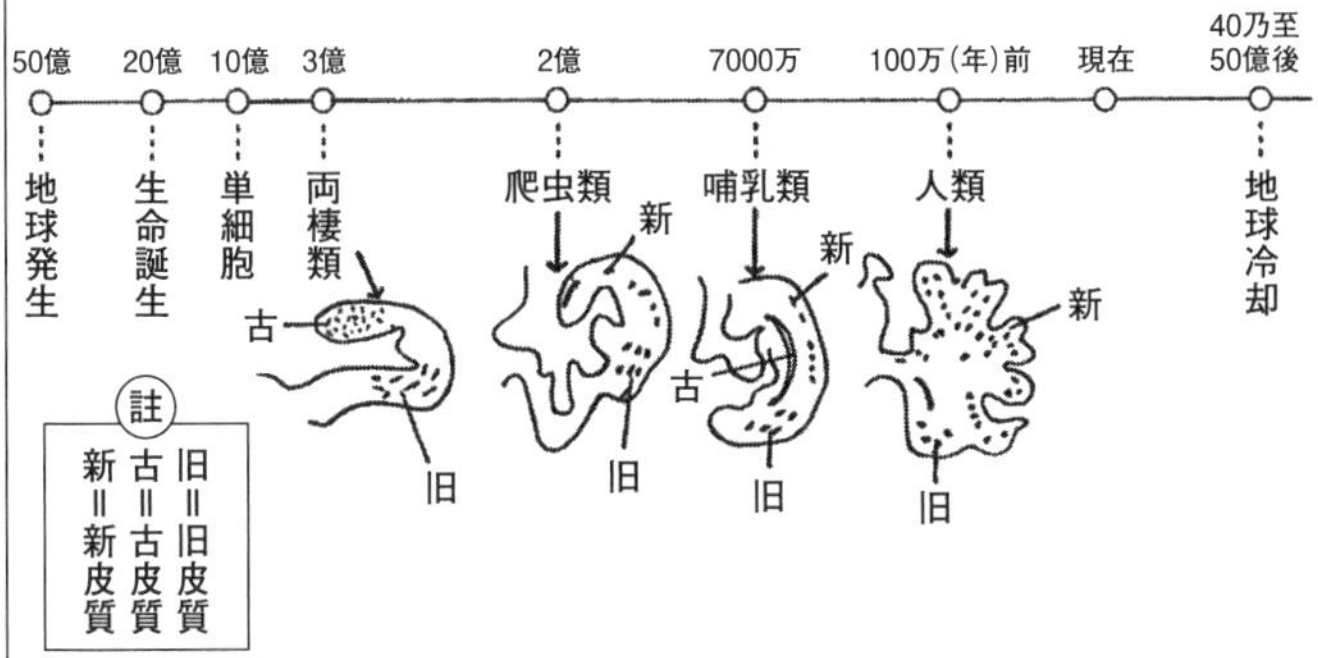

50億
20億
10億
3億
2億
7000万
100万（年）前
現在
40乃至50億後
地球発生
生命誕生
単細胞
両棲類
爬虫類
哺乳類
人類
地球冷却
古
新
旧
註
旧＝旧皮質
古＝古皮質
新＝新皮質

三十年を経て澄む例証として、この歌を眺めることもできます。

このようにして澄んだ情が貯えられる場所を頭頂葉だと考えました。単に二十年、三十年という一人の個人が、この世に生をうけた七十年の生涯に限定されるのでなく、人類発生以来の澄んだ情（情操）が貯えられている。たとえば、谷間の灯火を見て、なつかしいのは、火を用い始めたころ、何万年も前の記憶がよみがえって、なつかしさという情緒をよびおこすのだと前にも書きました。

古皮質より以前から発生している皮質を、旧皮質といいます。働きが似ているので、旧皮質と古皮質とを合わせて古皮質と、今まで書いてきましたし、これからも旧・古二つを併称して古皮質とよびます。

新皮質が特別に発達しているのは人類だけです。そうすると、人類が現われたのは、百万年前ですから、新皮質はせいぜい百万年の歴史です。古皮質は人類に進化する哺乳類までにさかのぼっても、七千万年、は虫類のころまでさかのぼれば、数億年の歴史ということになります。古皮質の働きの根が深く、新皮質の働きの根は、それに比べると浅いわけがうなずけます。

新皮質に属する頭頂葉のこころの情操は、古皮質の心、情動に比べて根が浅く、情動と情操の流入してくる側頭葉の心です。すなわち情緒にはたえず頭頂葉へ方向づけようとすれば、努力が必要となり、意欲の座の意志力が大切なポイントを占めることになります。

道元禅師は、前頭葉の意欲の座の抑止と持続、つまり意志力をくまなく見きわめて、このポイントより頭頂葉にいたる方途を述べています。それが『正法眼蔵』の「有時《うじ》」です。「有時」は、教育の方法論の根本をなすものだと思いますので、後で、ていねいに述べてみたいと思っていま
す。

デューイの教育論は、古皮質と前頭葉の結びつきの上の考えで、意欲の座の半面を強制し半面をおろそかにしています。

だから、うっかりすると、甘柿を育てたいのに、台木の渋柿の芽の方が勢いがよいから、それにひかれて、渋柿の芽を伸ばしかねません。戦後二十数年、大分渋柿がふえたようです。

沖山先生の理論は、頭頂葉と前頭葉の結びつきの上の考えです。「よみとり」などはまず、意欲の座をフルに使うことから学習が始まるのです。育つのは、みな甘柿です。

第38信　軸とは妙なり

教育は、人を人間らしく育てる営みです。人を動物らしく育てる営みではありません。ことばを変えて言えば、前頭葉の心を頭頂葉の世界へと方向づけていく営みであって、前頭葉の心を古皮質の世界へもどしていく営みではありません。

前頭葉の心が頭頂葉の世界へと方向づけられていく姿を「人間性を豊かにする」と言います。

前頭葉の心を「情緒」と名づけました。「人間性」というのは、情緒を具象化したよび名です。情緒を情緒であらしめる本体、情緒の主人公は、情緒の中核とでも言うべきものです。

仏教には便利なことばがあります。「体」（タイ）と「用」（ユウ）です。タイとは本体、ユウとはタイの働きです。このことばを使うと、人間性とは、前頭葉のタイ（体）、情緒とは前頭葉のユウ（用）です。タイとユウとは、もともと一つのものですが、見る角度を変えた言い表わし方です。

前頭葉のタイ（体）である人間性を「豊かにする」とは、頭頂葉へ方向づけていくことで、この場合、頭頂葉は価値の世界です。ユウ（用）から言えば、情緒が情操へと方向づけられていくことが、情緒を豊かにすることです。

価値には、真・善・美・聖の四つがあげられます。非常に模式的な言い方になってしまいますが、この価値のうち、聖をタイだとし、真善美の三つをユウだと考えてみることもできると思います。そうすると、タイの方は、次のようにまとめられます。

体《タイ》	
頭頂葉	聖（大我）
前頭葉	人間性（我）
古皮質	エゴ（小我）

情緒は前頭葉の機能をユウ（用）の角度からとらえたよび名であると同様、情操は頭頂葉の機能をユウ（用）の角度からとらえたよび名だと言えます。

情緒には、知・情・意の三つの面がありました。情操の内容を価値の三つだと考えると、次の

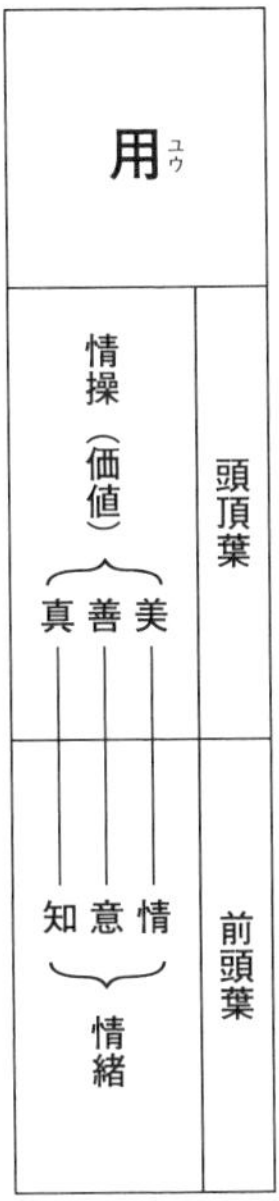

ようにまとめることができます。

ついでのこと、仏教のことばを借りて、頭頂葉・前頭葉・古皮質に、それぞれ配してみると、次の表のようになります。

古皮質も頭頂葉も共に、無意識の世界でした。それが前頭葉の感情の座に入ってきて、意識となり、前頭葉の心となるのです。前頭葉の心、すなわち情緒には、古皮質の心も頭頂葉の心もみな含まれているのです。情緒は、広い意味では「すべての心」ですが、それを前頭葉の心と限定するのは、考え方を述べていくのに都合よいからです。

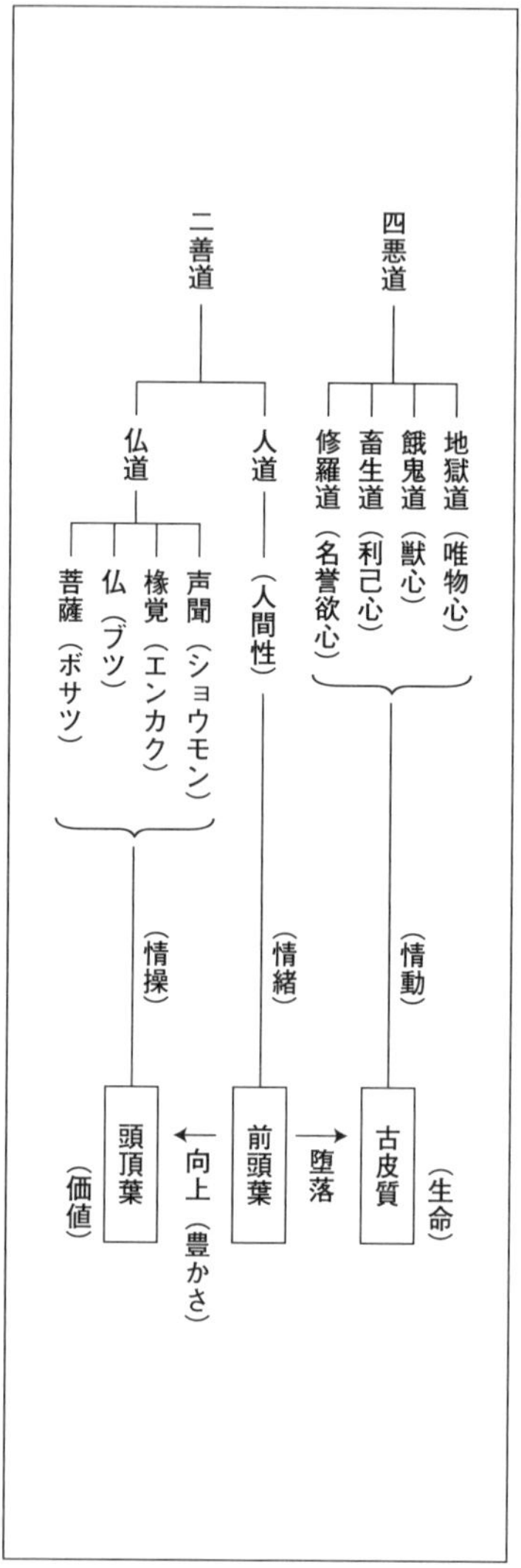

頭頂葉の主人公、タイ（体）を「聖」だとしましたが、この聖のことを岡先生は「妙」（ミョウ）と名づけています。

坐っていて立とうとする心（情緒）が動くと、四百余の筋肉がことごとく動いて、立つことができる。うちらに生じた初めの気持（情緒）そのままを肉体という物質により、四次元的に発現できるのは、この「妙」に来由すると言っていられます。

「表現学習」の、表現の成立の根本は「妙」に源泉する。沖山先生の軸も、この「妙」であると、私は解しています。

第39信　情緒の重要性

情緒を前頭葉の心と名づけ、情緒には、状態の情と、方向の意と、働きの知の三つの面があると述べました。

岡先生の『一葉集』には、次のように述べていられます。

情がよく発育するように教育するのが情操教育です。あと知と意が残ってますね。情が一番複雑なんです。知と意の原理はごく簡単なんです。知の中心は前頭葉ですが、一部側頭葉も使ってます。情意は前頭葉だけです。

昨日のハガキのことを、もう少し詳しくすると、次のようになります。

岡先生は、情がよく発達するように教育するのが、情操教育だと言っていられます。それを私は、情操を情がめざす方向としてとらえ、情をよく発達するとは、情が情操づけられていく教育です。それにより情緒を豊かにすると考えて、岡先生と同じ内容を「情緒の教育」とよんでいるのです。

本書の第一章〜第三章は講談社現代新書版『風蘭』（一九六四年）を底本とし、一部転載しました。転載の際には角川ソフィア文庫版『風蘭』（二〇一六年）も参考にしました。本書の「解説（中沢新一）」は『春宵十話』（角川ソフィア文庫、二〇一四年）の解説に加筆修正をくわえ転載しました。また、今日では不適切と思われる表現については、作品発表時の時代背景、作品の価値、著者がすでに故人であることなどを考慮し、原文どおりとしました。

（編集部）

解説

中沢新一

1

日本人はこれまでにたくさんの優れた数学者を輩出してきたが、そのなかでも岡潔の偉さはずば抜けている。岡潔の活躍していた時代に、もしもフィールズ賞のような国際的な数学賞があったとしたら、彼はまちがいなくフランスのアンリ・カルタンといっしょに、それを受賞していただろうと思う。それほどに岡潔の研究は突出していたのである。

岡の研究の偉さは、二つの面をもっている。一つは国際標準という面から見て優れている。彼の専門は「多変数解析函数論」という数学の中でもいささかマイナーな分野にあったが、そこで彼が発見した「不定域イデアル」というアイデアは、それまで解決のできなかった大問題をいくつも解決に導いていくのに、抜群の能力を発揮したのである。

岡によるこのアイデアから刺激を受けて、カルタンはそれを「層」という扱いやすい概念につくり変えた。そこから現代数学の新分野が開かれ、代数幾何学や超関数論や素粒子論の最先端などで、この概念はなくてはならない重要な道具として利用されるようになった。つまり、いまでも岡潔のアイデアは真新しい生命力を保ち続けているわけである。

岡潔の研究のもつもう一つの面での偉さは、それが「自然数学」というさらに一層未来的な考えにつながっているからである。近代数学の国際標準は、西欧を中心につくられた。その西欧型数学には「情緒が足りない」というのが、岡潔の揺るがぬ確信であった。ここで彼が言う「情緒」とは、数学を産み出す母体の働きをする「自然」のことにほかならない。

数学は人間の脳で生まれる現象であるが、その脳は脳だけしかない抽象的な環境で生きているわけではなく、具体性をもった身体の中で活動をおこなっている。その身体は自然に直結し、それ自体が一つの自然として活動している。西欧で発達してきた数学は、その自然から自分を切り離し、身体性をなくした思考として、自分だけで自立できるという幻想を育ててきた。

ところが、数学をなりたたせている数や論理そのものが、身体を仲立ちにしてこの世界の中で生きている、人間の具体的な経験を土台にしなければ生まれえなかったのである。人間はその経験を「メタファー」を使って組織立てる。数学は身体性とメタファーを生み出す神経ネットワークの働きから離れることはできない。どんなに抽象的なことを考えているようにみえるときでも、数学の内部では、このような「数学の自然」が活動を続けている。その過程を探るのが自然数学の試みである。

岡潔の考えた「情緒的な数学」は、そういう未来的な探求の先駆をなすものだった。彼のおこなった最大の発見である不定域イデアルまたは層の概念が、そもそも数学を自然化するものとして考案されている。数はふつう数直線上の点としてイメージされる。それには大きさがない。ところが層の概念では、数は二つの異なる領域の重なり合いとして考えられる。これは数学の自然である脳内のメタファー過程そのものを、新しい数の概念の土台として取り出そうというのに等しい。

こういう考えを岡潔はフランス語で書いた数学の論文の文章をとおして表現しようとした。その論文を今日読んでみると、フランス語で書いてあるはずなのに、まるで清少納言か夏目漱石が書いた文章かと思えるほどの、おおどかな気分が充ちている。そのため岡の論文を読んでその内容の革命性に驚嘆したアンリ・カルタンでさえ、フランスの数学雑誌に発表するさいには、論文から「情緒的」な部分を削除したほどであった。

岡潔の抱いた「情緒的な数学」という思想は、むしろ二十一世紀の数学を待ってはじめて、その真価が理解されてくるものである。数学の認知科学的研究や、圏論などの新しい数学の分野の発達がめざしているものは、ますます岡潔の考えた数学の情緒的基礎の探求というものに、近づいていこうとしている。その意味でも、たとえ不定域イデアルの概念が世界標準の数学の中に吸収され見えなくなったとしても、数学に自然を回復しようという彼の数学思想は、今後ますます多くの若い数学者たちの関心を引きつけていくに違いないと思うのである。

2

しかし読書人たちが知っていたのは、そういう数学者としての岡潔ではない。『春宵十話』の出版によって、多くの人々がきわめて風変わりな「新人エッセイスト岡潔」の存在を知った。数学の業績で文化勲章を受けた人物として、すでに著名な人物となってはいたが、一般の人々にとっては岡の数学研究などはチンプンカンプンでも、彼が語る日本文化論や教育論には、大いに心を動かされた。

とにかくユニークで面白いのである。このエッセイは毎日新聞に連載されたあと、一九六三年に出版されるやたちまちベストセラーとなり、岡潔は一躍ブームの人となった。ちなみにその頃中学生だった私も、その本の虜になり、一時は本気で数学者になろうとさえ考えたほどであった。

「人の中心は情緒である」という書き出しではじまるこの本で、岡潔は日本文化の特性がこの情緒を土台に組み立てられていることや、それがいかに美しい心情を生み出してきたかを、さまざまな側面から論じている。また戦後の新教育制度の中で、いかにこの情緒的中心が教育の現場から排除されてしまっているか、それによっていかに子どもたちの創造性が阻害されているかを示して、警鐘を鳴らした。とくに教育の問題は、当時の日本の大人たちの多くが危惧を抱いていたこともあって、岡潔の主張は大きな共感をもって迎えられた。

その中で「情緒」という言葉は、多くの具体例をとおして縦横に語り出されているが、それがいったいどういう構造をもった心的現象であるかについての説明はほとんどない。九鬼周造における「いきの構造」のような「情緒の構造」といったものは、この本には書かれていない。しかしこの本を丹念に読んでみると、岡潔がそれについて明瞭な認識を抱いていたことが、断片的な記述をとおしてでもはっきりわかる。私たちはそれを元にして、彼が考えていた「情緒の構造」というものの核をつかむことができる。

たとえばこういう文章がある。

　また、数学と物理は似ていると思っている人があるが、とんでもない話だ。職業にたとえれば、数学に最も近いのは百姓だといえる。種をまいて育てるのが仕事で、そのオリジナリティーは「ないもの」から「あるもの」を作ることにある。数学者は種子を選べば、あとは大きくなるのを見ているだけのことで、大きくなる力はむしろ種子の方にある。これにくらべて理論物理学者はむしろ指物師に似ている。人の作った材料を組み立てるのが仕事で、そのオリジナリティーは加工にある。理論物理は……わずか三十年足らずで一九四五年には原爆を完成して広島に落した。こんな手荒な仕事は指物師だからできたことで、とても百姓にできることではない。いったい三十年足らずで何がわかるだろうか。わけもわからずに原爆を作って落したのに違いないので、落した者でさえ、何をやったかその意味がわかってはいまい。(『春宵十話』)

数学者の仕事は百姓の仕事に近く、理論物理学者の仕事は指物師のそれに似ている、というのが岡潔の考えである。数学者は地面を耕して種子をまいて育てるが、重大なことはすべて土地、水、空気、気温、太陽などの「自然」がやってくれる。百姓は「自然」がうまく種子に働きかけて、無から有が生まれてくるのを助けるのを仕事とする。ところが、理論物理学者はすでに有るものを加工して別の形をした有るものにするのを仕事とする、だからその仕事は指物師に似ている。

岡潔の考えは、重農主義の経済学者ケネーの考えによく似ている。ケネーによれば、農業では自然の側からの無償の贈与があるおかげで、無から有が生まれるように、富の増殖がおこる。ところが指物師のような職人仕事あるいは商人や流通業者の仕事では、農業でおきているような自然の側からの贈与が働きかけてくることがないので、有が別の有に加工されていくだけで、そこには真の富の増殖がおこらない。ケネーも岡潔とよく似た思考によって、百姓の仕事と指物師の仕事を峻別することによって、経済の抱える難問に答えようとした。

彼らの考えに出てくる「自然が人間にさしだしてくれるもの」を、上手に受け取るための心の構えが、岡潔の言う「情緒」なのである。指物師やコンピューターの思考回路には、この「自然が人間にさしだしてくれるもの」を受け取る通路がつくられていない。現代世界では、岡潔の言う指物師の思考が、支配力をふるっている。そのために、この世界は自分が何をやっているのかわからないままに、原爆や原発をつくり、マネー資本主義に突き進んでいる。「人の中心は情緒である」のだから、情緒という自然への通路を失った人間は、中心を失った存在になってしまっている。

このように「情緒の構造」とは、「自然が人間にさしだしてくれるもの」を上手に受け取って生きるための通路の仕組みなのである。それは正しく、美しい生き方を可能にしてくれる。自分のしていることの意味がわからないというような、困った事態はそこではおこらない。岡潔が語りたかったのは、日本文化がこの「情緒の構造」を土台につくられているという事実にほかならなかった。日本文化の美徳も弱点も、すべてはそこに起因する。

岡潔はそれゆえ、現代にこそ読まれなければならないのである。私たちのまわりではいたるところで、「情緒の構造」の破壊が進行している。そのおかげで、私たちはますます自分が何をしているのか、見えなくなっている。人間はいまいちど「百姓」に戻って、ほんものの数学をやったり、まっとうな経済をやったり、美しい歌を歌ったりできなければならない。「情緒の構造」のあるところには、ほんものが存在できるからである。

解説　情緒と微笑

唐澤太輔

1　はじめに――岡潔について

世界的数学者の岡潔（一九〇一～一九七八年）は、一九六〇年十一月に文化勲章を受章した際、昭和天皇に拝謁し「数学は命を燃焼させてやるものです」と述べています。彼にとって、数学研究はまさに天職であり、命を賭して行うものでした。数学に明るくない私が言うのも失礼な話かもしれませんが、その業績はとてつもないもので、多変数解析函数論における「三つの大問題」すなわちクザンの問題、近似の問題、レビィの問題を、たった一人で全て解決してしまったほどでした。世界の数学者たちは、その独創性に驚き、ニコラ・ブルバキ（Nicolas Bourbaki フランスの数学者集団のペンネーム、架空の人物名）のように、OKA Kiyoshiを日本の数学者集団ではないかと疑ったほどでした。

岡潔の数学の全容について、ここで述べることは不可能ですが、それがもはや芸術の域に達していたことは明らかです。実際、彼は数学を「自らの情緒を外に表現することによって作り出す学問芸術の一つ」（『春宵十話』一九六三年）であると述べています。彼の数学の独創性は、この「情緒」を中心とするところにもあります。

岡潔は、学生の頃から「ぼくは計算も論理もない数学をしてみたいと思っている」(『春宵十話』一九六三年)と言っていたそうです。彼は、数学の本質は、論理や計算ではないと考えていました。むしろそれらは盲智(分別智)であり、自分の目指す数学は、大小遠近彼此の区別を超えたところにあると考えていました。分別智を基本とする心を、彼は「第一の心」と呼び、それを超えた――と言ってもどこか彼方にあるのではなく、最も根本にある――心を「第二の心」と呼びました。そして、この「第二の心」は「情緒」と深く連関していると考えました。彼は、数学での様々な独創的「発見」と同時に、人間の心のあり方、そして人間が人間らしさを持つ所以について深く思索した人なのです。

岡潔は、京都帝国大学を卒業後、フランス留学を経て、広島文理科大学、奈良女子大学、京都産業大学等で教鞭を執り、日本学士院賞をはじめ、多くの学術文化賞を総なめにする一方、この「情緒」に関する著作を多く執筆しました。こう聞くと、何と順風満帆な人生だったのだろうと思うかもしれません。しかし実際には、他の誰もがそうであるように、彼も様々な苦難に直面しています。特に親友の中谷治宇二郎(考古学者)の死は、精神的に相当こたえたようです。数学研究上の行き詰まりも経験しています。例えば、彼が発表する少し前に、見計らったかのように、新しい研究が発表されてしまうということが続き、周りの人たちに対して非常に疑心暗鬼になった時期もありました。それから、太平洋戦争の勃発と終戦後の世の中の暗さなども伴い、深い内心的葛藤を経験しています。そのようなときに、彼は、山崎弁栄（一八五九〜一九二〇年）という浄土宗の僧侶が始めた光明主義へ深く傾倒していきます。そして、故郷の和歌山県紀見峠というところに籠り、念仏を唱える日々を続けました。念仏を唱える中で、数学上の重要な「発見」をしたこともあったと言います。この光明主義との出会いが、彼の心に落ち着きを取り戻させ、生きる希望を与えたことは間違いありません。岡潔が文章の中で使用する仏教用語は、この光明主義によるところが大きいと思われます。それから『正法眼蔵』にも拠り所を求めています。彼は、道元禅師（一二〇〇〜一二五三年）の『正法眼蔵』を生涯、座右の書としていました。

弁栄上人は、絵や詩をよく創作しました。以下の詩は、まるで岡潔の主張が詰め込まれているようにさえ感じられます。彼もこの詩をきっと見ていたはずです。

歓喜光　よろこびの　ひかりにあはば　常とわに　のどけき春の　心地こそすれ　弁栄

詳細はこれから見ていきますが、岡潔の主張の根底にあったのは、「第二の心」からの光を自覚することであり、その光を真摯に受け止めるとき、人は悠久感とのどかな春のような喜びに包まれるというものでした。

岡潔は、文化勲章の受章を皮切りに、『春宵十話』をはじめとする著作を次々と発表していきます。また、各地で講演も行なっていきます。その多くは「情緒」と教育に関する内容でした。彼は、そのような講演会、そして大学という教育現場を通じて、特に若者たちの「表情」に着目しています。そして、そこに戦後の新教育システムの弊害を見、「情緒」の抑圧を感じ取っていました。彼は、教育において記憶や機械的判断の訓練ばかりを重視し続けていると、破滅的な科学技術が発展し、人類は近い将来滅んでしまうと危惧していました。

また岡潔は、自分の子や孫をよく観察し、ふとした表情や言葉を細やかに記録し、その成長の過程を分析しています。さらに彼自身の幼い頃の経験もよく振り返っています。そして、今の時代にどのような教育が必要かを切実に考え提案し続けました。本書『岡潔の教育論』には、そのような彼の実感的な言葉が星のように散りばめられています。同時に彼は、人の脳の構造あるいは大脳生理の側面からも「情緒」について考えています。

この岡潔による大脳生理に関する言説については、第四章「教育に東洋の秋を――構造学習と大脳生理の一思案」で、森本弘（一九一一～一九八八年）が、存分に補足と展開を行なっています。紀見峠の柱本小学校の校長を務めていた森本は、岡潔の思想に感銘を受け、四年間にわたり彼のもとへ通い続けました。第四章は、森本から清水小学校の校長だった上田正隆に宛てた私信から成り立っています。私信とは言え、それは森本独自の「岡潔論」とでも言うべき内容になっています。教育論者の沖山光（一九〇五～一九九〇年）の考えを援用しながら、また教育者の視点から様々な図を作り構造的に岡潔の論を追っていく手法は見事です。森本は、当時において間違いなく岡潔の思想を最もよく理解する一人だったと言えます。

＊

さて、まず本稿の結論から申し上げますと、岡潔の心眼は「情緒」の発露を人々の「微笑」に見ていた、ということです。彼が、直接的に「情緒とは微笑である」などとは述べていません。しかしながら、その著作を読むと、いたるところで「微笑」が出てきます。彼は、この「微笑」が表出する最初期のことを「童心の季節」と呼んでいます。もしくは「第二の心の世界」と呼んでいます。

以下では、まず「童心の季節」と「第二の心」の関係を整理したいと思います。次に、「情緒」の発露は「微笑」であるという事柄について見ていきます。その中で私は、この「微笑」を三つ、すなわち、乳幼児の自発的微笑＝〈エンジェル・スマイル〉、古拙的微笑＝〈アルカイック・スマイル〉、日本人の微笑＝〈ジャパニーズ・スマイル〉

に分けて説明したいと思います。後に示す小泉八雲（Patrick Lafcadio Hearn 一八五〇〜一九〇四年）が述べるように、日本人の微笑は、自我の抑止とも深く関係しています。そこで、八雲の言説をもとに、自我を抑止することと「情緒」の関係について、「第一の心」と「第二の心」の複合という観点から論を展開したいと思います。最後に、教育において、人の中核としての「情緒」をどう扱うか、あるいはどこに見出し、それを育成するにはどのような場が必要かについて、岡潔の言説に寄り添って考えていきたいと思います。

2 童心の季節

人の子が生まれて三十二ヵ月は第二の心の世界に住んでいる。自覚していないから目覚めているのではないが、天上（空間を超えたところ）に住んでいるのである。この期間を私は童心の季節と呼んでいる。（「嬰児に学ぶ」一九六九年）

ここで岡潔は、おおよそ三歳（生後三十二ヵ月）くらいまで、人は「第二の心の世界」に住んでいると言っています。「第二の心」とは、心全体の最も基層のメロディーのようなもので、一言で言えば、心の「しらべ」です。彼は、別のところでは「感銘を奏でる無私の心」とも言い換えています。また彼は、この心は、頭頂葉に宿るのではないかと考えていました（「学問する心と幼児の心」一九六九年）。

「第二の心」があるということは「第一の心」もあるわけですが、岡潔は、これを、「私」を入れて駆動する心だと説明しています。いわゆる心理学が対象としているのはこの心です。彼は、これは前頭葉に宿ると考えていました（「学問する心と幼児の心」一九六九年）。このような脳と心との関係については、当代きっての脳生理学者だった時実利彦（一九〇九〜一九七三年）の影響が大きいようです。

私は愛する、私は憎む、私は嬉しい、私は悲しい、私は……と、「私は」もしくは「私が」を入れて働く心。仏教ではこれを「小我」と言います。このような「私」を入れてわかる方法は、いわゆる「意識」を通すものです（「嬰児に学ぶ」一九六九年）。一方で、私たちは、この「意識」を通さなくても、なぜだかわからないけれども、すっかりわかるということも知っています。この一気に全体を掴み取るようにすっかりわかる事柄は、分類・区別以前の智を源泉としています。それは、私たちが考える時空の枠を突破した先にある、もしくはその根底となっている智です。これを分別智に対して無差別智（無分別智）と言います。この智には、大小遠近彼此の区別はありません。岡潔は、この智が働く場所を「相当濃度の濃い無限次元」と言い、そこには「情緒」が密接に関わっていると考えました（『春風夏雨』一九六五年）。

そして、私たちが普通「自分」と思っているもの——これは小我ですが——を消し去ってもなお残るようなものとしての自分を「真我」と言います。岡潔は、この真我は「生命」であると言い換え、これを自覚するとき、私たちには悠久感（通常の時間を超えた「とき」そのもの）、あるいはあたたかい春の季節感のようなものが伴うと言っています。そして、この「とき」においてこそ、様々なことがわかってくるのです。彼は、自身のいくつもの数学上の「発見」から、そのことを確信していました。重要なことは、それが偉大な「発見」だとわかるためには、まずもって自分を意識するという作用が必要なことです。つまり、自己と他者という区別がない状態では、発見を「発見」として確かめることもできないのです。

岡潔は、「発見」を二つの型に分けています。一つは、インスピレーション型発見です。これは、それまでわからなかったことを考え続け、その連続にふっと切れ目ができ、そこから光が差すようにわかるものです。もう一つは、情操型発見です。これは、ある問題となる事柄に完全に没入しきって、「見えている」けれども「見る」目が最小限に働いている状態で一気に全てを掴んでしまうようにわかるものです。彼は、型こそ違えど、両方とも、その「とき」においては、全くもって疑いが生じないと述べています。特に、情操型発見においては、悠久感が伴い、のどかな春のような喜びがある、と述べています。そしてこの「とき」こそ、「童心の季節」なのです。そこには、しみじみと懐かしく調和的であり、温かくも何となく物悲しいようなトーンがあります。しかも、そのトーンはどこか遠くにある特別なものではなく、むしろ私たちの極めて近くにあるものです。一言で言えば、親しみのある感じです。

「童心の季節」では、「第二の心」が、純粋に曇りなく前面に出ます。乳幼児は、ここに住んでいると言えます。しかしながら、乳幼児自身は、そこに住んでいることを知りません。つまり、乳幼児は、この「第二の心」を「第二の心」と知らずに表出しているのです。「情緒」をそのまま純粋に発露しているとも言えます。そして微笑むのです。この微笑みは、特に乳幼児の自発的微笑あるいは〈エンジェル・スマイル〉と呼ばれます。

岡潔は、次のように述べています。

わたしの孫ですが、四十二日目に目が見えた。その時の有様は、祖母がこの孫を抱いていると、孫はじいっと祖母の顔を見つめていた。そしてついに見えたらしく、「懐しそうににっと笑った」。これが人の情というものです。人本然の情です。

(「京都産業大学講義録」一九七一年)

彼は、孫を観察して、その「微笑」に着目しています。そしてそこに「本然の情」、情の本来的なもの、つまり「情緒」（情の緒となるもの）を見てとっています。また、このようにも述べています。

「童心の季節」に備わらないものはない。私はこの季節を過ぎたばかりの女の児が、母に乳母車を押して貰って、夕暮れの佐保川堤を行くのを見たが、全く驚いたことに、この児は嫣然（ニッコリ）と笑っていた。（『曙』一九六九年）

つまり、「童心の季節」に既に備わっている「情緒」は、その季節を過ぎてすぐの時期には、嫣然と笑う（微笑）というかたちで表出されるのです。この春の季節を思わせる素朴な「微笑」は、本質として消えて無くなることはありません。誰しも必ず「童心の季節」を経ており、それはずっと人の中核として存在し、成長後もそれを表出し得るものです。

岡潔は、「情緒」の表出に関して、端的に以下のように述べています。

年頃の娘さんがニコリとするのは情緒の発露であって頭頂葉の働きである。それがニコリともしないというのは頭頂葉の発育不良である。（『曙』一九六九年）

ニコリとすること、つまり「微笑」は、「情緒」の発露なのです。しかしながら、最近はこれがなかなか見られなくなり、彼は、それは頭頂葉（第二の心）の発育不良のためではないかと推測しています。つまり、教育による十分な発育が促されなかった結果ということでしょう。また、その「微笑」は、仏教で言うところの無明によって曇らされているとも言えます。あるいは、私たちが「当たり前」として疑わない時空間や自我という被膜が分厚い「壁」になって、頭頂葉の光を遮ってしまっているとも言えます。

この無明がすっと晴れたその刹那に現れる「微笑」が、古拙的微笑すなわち〈アルカイック・スマイル〉です。技巧的ではなくても趣のあるこの原始的な「微笑」は、古来、洋の東西を問わず、人々に感銘を与え続けてきました。昔の人たちは、それを「かたち」としてもしっかり残し、現代に伝えています。ミロのビーナス、モナリザ、弥勒菩薩半跏思惟像……など枚挙にいとまがありません。これらは、どこか懐かしさが漂いながらも、決して古びることのないものです。このような「微笑」は、端的に「第二の心」（心の本体）を表したものとも言えます。

＊

ところで、仏教に「拈華微笑《ねんげみしょう》」という故事があります。それは次のようなものです。

あるとき、釈尊が大勢の弟子たちの前で一輪の花をひねって差し出した。皆、その意図がわからず黙って首を傾げていた。迦葉《かしょう》という弟子だけがにっこりと微笑んだ。釈尊は、仏教の真理の一切を迦葉に授けることにした。(『聯燈会要・釈迦牟尼仏章』より要約)

釈尊は迦葉の「微笑」に「第二の心」を見出したのだと思います。他の弟子たちは「第一の心」(前頭葉)で意味をただ「分析」しようとしましたが、迦葉のみ「第二の心」(頭頂葉)で全てを了解もしくは「みとおし」たのです。釈迦の行為の一切が、浸透するように迦葉の心に響きました。迦葉の「微笑」は、〈アルカイック・スマイル〉だったに違いありません。ちなみに、本書の第四章で森本は、「みとおし」は、まさに「第二の心」の働きによるものだと述べています。

釈迦と同じように、岡潔も、若者たちの表情、顔つきに常に着目しています。

戦後十代、二十代の女性の顔が著しく変わったと思えないだろうか。新教育型の顔がちゃんとでき上がっているという感じである。(『春宵十話』一九六三年)

大脳前頭葉の云わば口から入った知、情、意、感覚がいわば液化されて、多分情緒の中心を通って、大脳皮質部に貯えられる。その貯蔵が逆に情緒の中心に集って、今度は全身に、何等かの形でくばられる。それが顔にも現れる。(『日本のころ』一九七二年)

私は、もう十年近く前になるが、このごろの日本の教育はいったいどんなふうなのだろうと思った。そして調べ始めたのだが、一番先に目についたことは、顔が全く変わってしまっているということであった。そのころよく見かけた顔の型の一つにこういうのがあった。この生徒(高等学校)の右の目は右を見ているし左の目は左を見ているが、これでは前方に映像を結ぶということはないが。この顔はそれで説明がつく。(『一葉舟』一九六八年)

岡潔の挙げる、若者の表情の変質は、最後のものを除いて少し具体性に欠けるのですが、彼の心眼で見たときには、それは明らかでした。前頭葉に宿る自我(小我)をうまく統べることができずに、単純な刺激と興奮だけを求め過熱する顔は、のどかで調和的で染み入るように感銘を受け入れて微笑む顔とは大きく異なっていました。彼は、このことに悲しさと危機感を抱いていました。そして、この小我の暴走を抑止し、「情緒」を発露させる教育の必要性を切々と説いたのです。

3　微笑について

古来、人間の「笑い」については、様々な思想家・哲学者が言及してきました。例えば、ホッブス（Thomas Hobbes 一五八八〜一六七九年）は、「優越感による笑い」について述べています。それは、何か不恰好なものを見出した際、それとの比較で突然自己を賞賛するというものです。ベルクソン（Henri-Louis Bergson 一八五九〜一九四一年）は、「不一致の笑い」について述べています。それは、私たちのよく知っているもの、つまり出来合いの枠の中に、見知らぬものを見出した際に出るものです。またカント（Immanuel Kant 一七二四〜一八〇四年）は、常識によって身構えている私たちが次に起こることを予期し、そのときに突然それが失調し、不条理なものが浮かび上がる際に「笑い」は生じると考えました（予期失調の笑い）。これらの「笑い」という事態においては、笑うものが笑われるということはなく、逆に、笑われるものが笑うことは、基本的にありません。つまり、笑うものと笑われるものには、区別（差別）があり、その関係は、非対称的と言えます。それに対して「微笑」はどうでしょうか。

最近の研究では、「微笑」は、単に「笑い」（声を出して笑うこと）が小さくなったものではないと考えられています。「笑い」の様々な条件に当てはまらない場合にも「微笑」は生じます。「拈華微笑」の迦葉のように。

人間は、この「微笑」を、生後わずか十日頃から浮かべます。口元の筋肉だけではなく眼輪筋の収縮運動を伴うこの「微笑」は、その提唱者で神経内科医のデュシェンヌ・ド・ブーローニュ（Guillaume Duchenne de Boulogne 一八〇六〜一八七五年）にちなんで、特に「デュシェンヌの微笑」と呼ばれることがあります。「笑う」動物は、霊長類に多く見られますが、この「デュシェンヌの微笑」は、人間やチンパンジーなど数はごく限られています。この「デュシェンヌの笑顔」は、声を出して「笑う」ことと以前の段階に生じるものです。この点が非常に重要です。つまり「微笑」は、「笑い」よりも前の表現という点において、「笑い」よりも根本的なものなのです。「微笑」は、自他の明確な区別や分類以前のものなのです。

そこで、こう言えると思います。「微笑」は、人類の根本的表現、そして「第二の心」の最大の表出である、と。「第二の心」は、「私」を入れて駆動する前の心です。そして、そこで鳴り響く心の基層のメロディーがそのまま現れたものが「微笑」の最も本質的なかたちです。また、この「微笑」は、「笑い」に対して、極めて対称的（シンメトリック）なものです。これについては、後で事例を挙げて述べたいと思います。

「笑い」は、分類や区別を前提としており、つまり時空間的なもの、岡潔の言う前頭葉に宿る「第一の心」が深く関係しています。それに対して「微笑」とは、「私」による区別や分類がなされる以前のものであり、その意味で彼の言う頭頂葉に宿る「第二の心」が大きく作用しています。特に、〈エンジェル・スマイル〉は、「第二の心」が直接無媒介に表出するもの、〈アルカイック・スマイル〉は、「第一の心」の無明が晴れた刹那に現れるものです。

私は、ここで第三の「微笑」を挙げたいと思います。それは、日本人の微笑〈ジャパニーズ・スマイル〉です。日本人の微笑は、しばしば「何を考えているかわからない」などと、特に海外の人から不可解なものとして、不気味がられたりすることがあります。しかしながら私は、ここに、日本人独特の心情の美を見ます。「微笑」に「情緒」を見出し、それを「作法」として練り上げてきた日本人の独特な美的感覚が、そこにはあると思うのです。自我（小我）の自覚的抑止を徹底し、「第二の心」の表出である「微笑」に美を敏感に感じ取り、さらには悲しみや憤りにも連絡させながら、独自にかたち作られてきたものが、〈ジャパニーズ・スマイル〉なのです。そこには他者への配慮と深い共感があります。私は、この「微笑」を探求することは、「日本的情緒」を知る鍵にもなると考えています。

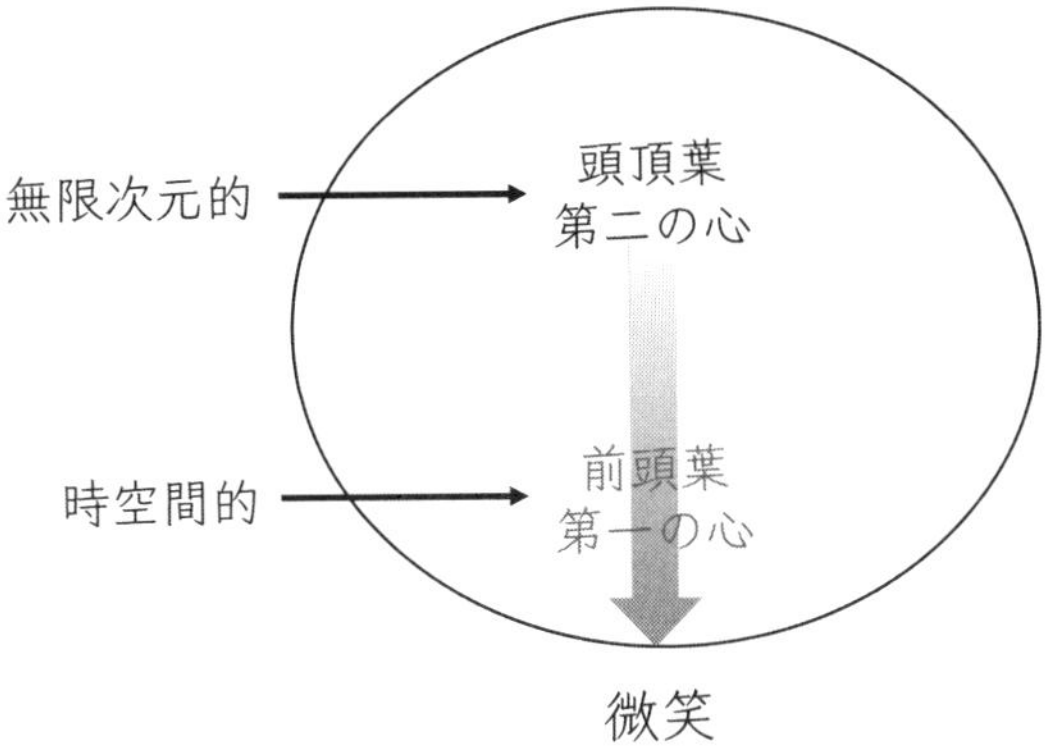

図1　エンジェル・スマイル

（1）エンジェル・スマイル（乳幼児の微笑）：「第二の心」の純粋な発露。自我（第一の心）は未発達の状態。「童心の季節」に見られるもの。

（2）アルカイック・スマイル（古拙的微笑）：特に大人において普通優位に働いている（ように見られる）「第一の心」の隙間からふとした瞬間に見られる「第二の心」の表出。ほとんど意図せず現れるもの。

（3）ジャパニーズ・スマイル（日本人の微笑）：自我を自覚的に抑止した際の「第二の心」の表出。さらにそれは相手に与える影響を「第一の心」で慮ることで自身にフィードバックされる。この複合的あり方を「作法」として深く身体化し

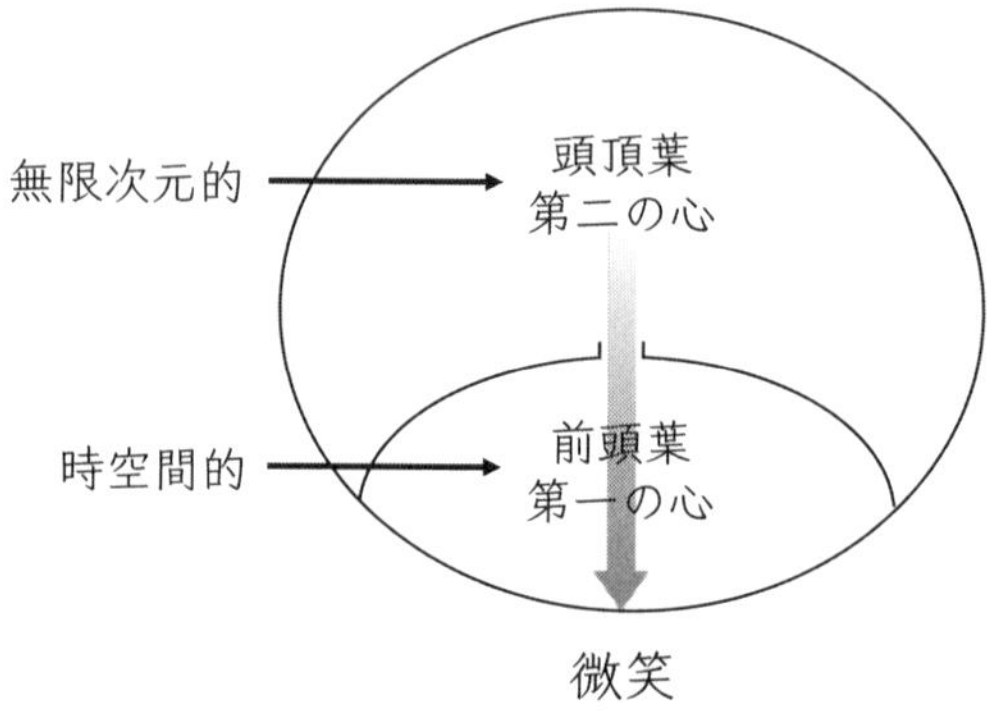

図2　アルカイック・スマイル

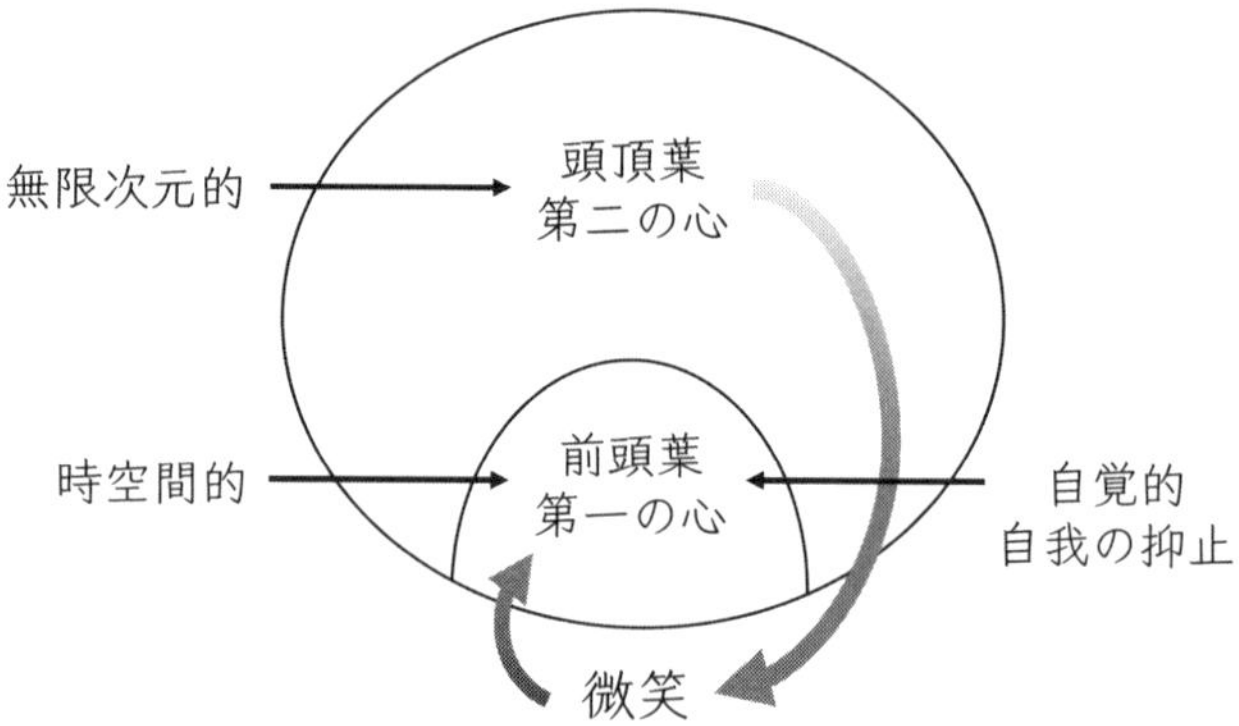

図3　ジャパニーズ・スマイル

たもの。

これまでの議論をまとめつつ、図にするとこのようになります（図1〜3）。

ここで、やはり小泉八雲の「日本人の微笑」（原題 The Japanese Smile）を取り上げないわけにはいきません。八雲は、生活文化が西洋化されつつあった明治日本においてもなお残存する日本人独自の「微笑」に着目しました。八雲は、次のように述べています。

その微笑には反抗も偽善もない。とかくわれわれが性格の弱さに結びつけがちな、弱々しい諦めの微笑とも混同してはならない。それは入念に、長い年月のあいだに洗練された一つの作法なのである。それはまた、沈黙のことばでもある。（「日本人の微笑」一八九三年）

八雲は、日本人が見せる「微笑」は、反抗や偽善、弱さや諦めではないと言います。そして、それを長い間培ってきた「作法」であると加えています。これは、いわば、自我（小我）を徹底的に抑止して他者を慮る態度の表明でもあります。それを八雲は、別の箇所では「極限にまで自己を抑制した礼節」であると述べています（「日本人の微笑」一八九三年）。

〈エンジェル・スマイル〉の時期（童心の季節）を経た後も、日本人はこの「微笑」を出し続けようと努めます。そして、それを「作法」として練り上げてきました。つまり、ここからは、日本人が「深刻な顔をしたり不幸な顔をすることは、自分に好意をもってくれる人に不安や苦痛をあたえるため、非礼にあたる」（「日本人の微笑」一八九三年）と常に考えて、他者への強烈な共感を基礎とした配慮・顧慮を非常に重視してきたことが透けて見えてきます。

八雲は、この日本人の「微笑」を「無上の克己」（自分の中の欲望や邪念に打ち勝つこと）であるとも言います。日本人は、小我を抑止し続ける中で、そこに差し込む光を大事にし、それに美を感じ続けてきました。無邪気な〈エンジェル・スマイル〉とも刹那的な〈アルカイック・スマイル〉とも異なる、〈ジャパニーズ・スマイル〉がそこにあります。それは、「第一の心」で小我を抑止することで「第二の心」の作用を最大限に発揮し、さらにその表出が与える影響の意味を「第一の心」で十分理解するという、非常に高度な往復運動だと言えるでしょう。

＊

八雲が、とても興味深い事例を挙げています。

こんなことを書いているうちに、京都のある夜の情景が目に浮んでくる。名はちょっと思い出せないが、たいそう人の混んでいる、灯の明るい街を通り抜けながら、わたしは、非常に小さな寺の門前にある地蔵さまを見ようと思って、人混みをはなれた。それは寺の小僧――美しい童子の像であった。そして微笑は、神々しいばかり真にせまっていた。じっと眺めていると、おおよそ十歳くらいの男の子が、わたしのそばへ駆け寄ってきて、像の前に小さな手を合わせると、頭を下げて、しばらく黙っておがんでいた。遊び仲間から抜けてきたばかりで、まだ遊びの楽しさやほてりが顔に残っていた。そして、無心な微笑は、不思議にも石像の童子の微笑にも似て、少年は地蔵の双子の兄弟のように思われた。そこで、わたしは考えた、「青銅や石の像の微笑は、たんなる模写ではない。仏師がそれによって表わそうとしたものは、民族の微笑の意味であるにちがいない」と。

もう、それからずいぶん時がたつ。しかし、そのとき胸に浮かんだ考えは、今でもわたしには、真実のように思われる。仏教美術の起源が、いかに日本の土壌と無縁のものであっても、日本人の微笑は、菩薩の微笑と同じ概念――つまり、自制と克己から生れる幸福をあらわしている。(「日本人の微笑」一八九三年)

この話に出てくる男の子が見せた無心の「微笑」は、岡潔の言うところの「感銘を奏でる無私の心」によるものだと思います。そして、これを読んだ私たちは、どこか懐かしく温かな雰囲気に包まれる感じがするでしょう。これが「情緒」です。

男の子は十歳くらいということなので、既に「童心の季節」は過ぎています。しかし、彼がとても自然に「微笑」を表出できたのは、その季節の後も「自制と克己」の重要性とその美的感覚をしっかり育成されてきたからに他ありません。私の定義からすると、この「微笑」は、まだ〈アルカイック・スマイル〉かもしれません。しかし、今後も彼が自覚的に自我の抑止を行ない、そのことに深い意味（情緒）を知ると同時に、この「微笑」が他者に与える影響を理解できたとき、それは真の〈ジャパニーズ・スマイル〉になることでしょう。またそれは、決して突発的ではなく漸次的なプロセスだと思います。

この話の中で、地蔵と男の子は「微笑」で響きあっているようです。そこに「優越感」や「不一致」、「予期の失調」などはありません。極めてシンメトリックです。ここに強い美を感じ取り、涵養することが重要なのです。その本質的な美的感覚は、何も日本人に限らずとも共有され得るものだと思います。

4　自我を抑止すること

「情緒」の端的な発露は「微笑」です。そして、岡潔は、その「情緒」が自覚的に表現され、学問芸術まで高められたものが数学だと考えました。彼は、アンリ・ポアンカレ（Jules-Henri Poincaré 一八五四～一九一二年）を私淑しており、ポアンカレの「数学の本体は調和の精神である」という言葉を大事にしていました。岡潔は、自身の体験をもとに、例えば、試験中の緊張と対立の中よりも、「教室を出て緊張がゆるんだときに働く」ような智力――彼はそれを大自然の純粋直観とも言います――を重視しています。それは、私たちの前頭葉がクールダウンした際、緊張と対立が解除され調和がもたらされた智力と言えます。ところが、現在は、見渡す限り、世の中全てがヒートアップしており、その中でみな刺激と快楽ばかりを求めています。このことに彼は強く警鐘を鳴らしました。

……絶えずきれぎれの意志が働き続けるのが大脳の過熱で、この意志が大脳前頭葉に働くのを抑止しなければ本当の智力は働かないということです。この本当の智力というのは、本当のものがあればおのずからわかるという智力で、いわば無差別智であります。自分が知るというのではなく、智力のほうから働きかけてくるといったものです。（『春宵十話』一九六三年）

ここで言う「本当の智力」としての無差別智は、「私が」理解するという働きではなく、無辺の光のようにおのずから湧出するものです。

前頭葉には、自我（小我）を働かせるとともに、それを抑止する力もあります。しかし、今の世の中は、「前頭葉を非常に働かせて、しかも前頭葉の抑止力を働かせていない」（「京都産業大学講義録」一九七一年）ような状況にあり、この点に彼は、危機感と違和感を抱いていました。

岡潔は、しばしば、戦後の新教育システムは、早くから自我（小我）をもって区別と分類を行うことばかりに注視しており、その結果、多くの子どもたちが、先生にも友人にも親しみを感じなくなり、相手を蹴落とす事ばかりを考えるようになったと嘆いています。それは、いわば「心の通いあいのルート」が遮断されてしまった感じです。

そもそもこの自我（小我）は、決して絶対的なものではありません。先ほども述べましたが、この自我（小我）を取り除いてもなお残る自分こそが重要で、これが真我なのです。

真我の心は何であるかといえば観音菩薩の心を「同体大悲」という。これはひと

の心の悲しみを自分の肉体の痛みのごとく感じる心という意味である。(『一葉舟』一九六八年)

岡潔は、真我を観音菩薩の心、「同体大悲」であると言います。それは、単なる同情よりももっと深い共感を伴った心のことです。そこには、もはや自己と他者の区別や優劣は存在しません。彼は、この真我を自覚することを重視しています。

彼は「日本的情緒は真我的である」(『春風夏雨』一九六五年)とも言っており、日本人の伝統的文化や俳句や神話などにもこの真我を見出していました。彼は、この真我による行為こそ真の善行であり、日本の神話などには多くこのような事柄が見られると、いたるところで述べています。つまり、それは一切の打算が伴わない純粋な行為、あるいは前頭葉的「私が……」を除いた行為とも言えます。そして彼は、この真の善行を行うためには、単純な自他の区別を超え、時空の枠を超えなければならないと考えていました(『春風夏雨』一九六五年)。彼は、次のようにも述べています。

そうすると〔自他の区別と時空の枠を超えると〕いわば内外二重の窓がともに開け放たれることになって、「清冷の外気」が室内にはいる。これが児童の大脳の発育にとってきわめてたいせつなことであって、義務教育における、数学教育の

意義の第一はここにあるように思われるのである。（『春風夏雨』一九六五年）

自己と他者や時間と空間などの分類・順序などを「理解」させていくことは、義務教育において大切なことです。そして、なお大切なことは、それらを解除させ「清涼な外気」を取り入れることとです。言い換えれば「第一の心」を中心とした「理解」や「記憶」だけではなく、「第二の心」でそれらが未分化な状態（単純な区別や分類を超えた状態＝超時空間的状態）をどう「体取」するかを教えることが重要ということです。「体取」とは、道元禅師の言葉で、単なる同情を超えた最も深い共感のことを指します。岡潔は、このことについて、以下のように述べています。

たとえば他の悲しみだが、これが本当にわかったら、自分も悲しくなるというのでなければいけない。一口に悲しみといっても、それにはいろいろな色どりのものがある。それがわかるためには、自分も悲しくならなければだめである。他の悲しみを理解した程度で同情的行為をすると、かえってその人を怒らせてしまうことが多い。軽蔑されたように感じるのである。これに反して、他の悲しみを自分の悲しみとするというわかり方でわかると、単にそういう人がいるということを知っただけで、その人には慰めともなれば、励ましともなる。このわかり方を道元禅師は「体取」と言っている。（中略）理解は自他対立的にわかるのであるが、体取は自分がそのものとなることによって、そのものがわかるのである。（『紫の火花』一九六四年）

人が幸せそうにしているのを見ると、自分の心が喜びで満たされる、自分の心に深い喜びを感じる、というのが人本然の心であって、それがうまくいかないのは、心に濁りがある（これは、エゴイズムという濁りです）からだと知って、それを取り去ることに努める。そういう人は真我に目覚めた人と思います。（「日本の教育への提言」一九六七年）

相手の悲しみや喜びをそっくりそのまま自分のものとすることが「体取」です。それは、単なる同情ではなく、また、自己と他者の明確な区別の上に成り立つ「理解」でもありません。それは、共感という言葉以前の「共感」と言えるものでしょう。またそれは、自我を超えた真我によるものと言えます。

自己犠牲を厭わない善行もしくは純粋直観による「共感」的行為が、日本の歴史や神話にはよく見られ、日本人は、それを心情の美として育んできました。岡潔は、その真の善行の例として、しばしば弟橘姫命《おとたちばなひめのみこと》の伝説を挙げています。それは、次のようなものです。

日本武尊が東征の際、海が荒れ、船が漂流して渡ることができなくなってしまった。弟橘姫命は「これはきっと海神によるものです。私が皇子の身代りに海に入りましょう」と言い、すぐに海に飛び込んだ。すると暴風は止み船は無事岸につけることができた。（『日本書紀』より要約）

岡潔は、私意私情を抜いたこの行為は、純粋直観によるもので、そのときには全くもって疑いは生じないものだと考えました。この無私の心、いわば自然的に小我が抑止された際に前面に押し出される「第二の心」を私たちは見逃してはなりません。では、自我（小我）を抑止するには、具体的にどうすれば良いのでしょうか。岡潔は、「ひとを先にして自分を後にせよ」という祖父からの戒律を生涯大事にしていました。また彼は、よく世間では、人はそれぞれ個性が大事と言われますが、それは決して自我（小我）を強く出すことではないという信念がありました。まして小我を自分の本体と思ってはならないと彼は強く信じていました。

人が、小我を自分だと思うようになりますと、人は一人ひとり個々別々であるようになるんです。そうすると、わかってみれば底知れずさみしいんです。これを感じることを無常を感じるといって仏道へはいる正門だとされている。（「日本の教育への提言」一九六七年）

小我がただ個々ばらばらに点在する世界は孤独です。だからこそ私たちは、「私が……」「私の……」の先（奥底）にある私＝真我を認識することが必要だと言えます。そして、これを十分に認識するのは、前頭葉すなわち「第一の心」です。前頭葉は刺激と興奮を求めます。ともすれば「私が……」を暴走させかねません。したがって、それを抑止しながら、その先（奥底）にある真我を自覚しなければなりません。つまり、「第一の心」（前頭葉）だけが自分であると思わずに、「第二の心」（頭頂葉）が本当の自分であると自覚するということです。

私たちに問われているのは、いかにして真我に自ら気付けるか、あるいは「童心の季節」の重要性をどう自覚するかなのだと思います。当然、そこにべったりと住んでいる乳幼児にはその自覚は難しいことです。その季節の後、自他を明確に区別することを経て、再びその季節を自身の内にしっかりと見出せるかどうか。「童心の季節」の乳幼児は、それにまだ気づいていません。〈エンジェル・スマイル〉は、無自覚かつ無媒介のものです。また〈アルカイック・スマイル〉は、刹那的であり、それが他者に与える影響を多少は「理解」していても、まだ「体取」には至っていません。一方、自覚的に自我を抑止しながらの、つまり「第一の心」の暴走「第一の心」によって抑えながらの「第二の心」の表出が〈ジャパニーズ・スマイル〉です。そして、その「作法」としての身体化は、当然「理解」以上に「体取」が必要になります。

5　中核としての情緒

岡潔によると、〇～三歳くらいまでが「童心の季節」です。彼は、その後四～六歳くらいまでを「自我発現の季節」と呼んでいます。この時期に入ると、子供は自他の区別がはっきりとつくようになり、また時間・空間を「理解」するようになります。その後は「情緒の目覚めの季節」で、だいたい六、七歳～十一歳くらいまでです。この頃になると、児童は正義心や慈悲心のわけがわかるようになるようです。重要な点は、このように季節が移り変わっても「童心の季節」の「情緒」は消滅することはないということです。「情緒はずうっと尾を引く」(本書第二章)のです。

……純粋童心、これは人の中核であり、だいたい情緒の世界ですが、これを自然という膜でおおうのです。これは被膜です。そうすることによって、人の中核である情緒の世界を保護するのです。(中略)情緒の世界という人の中核を、四つ

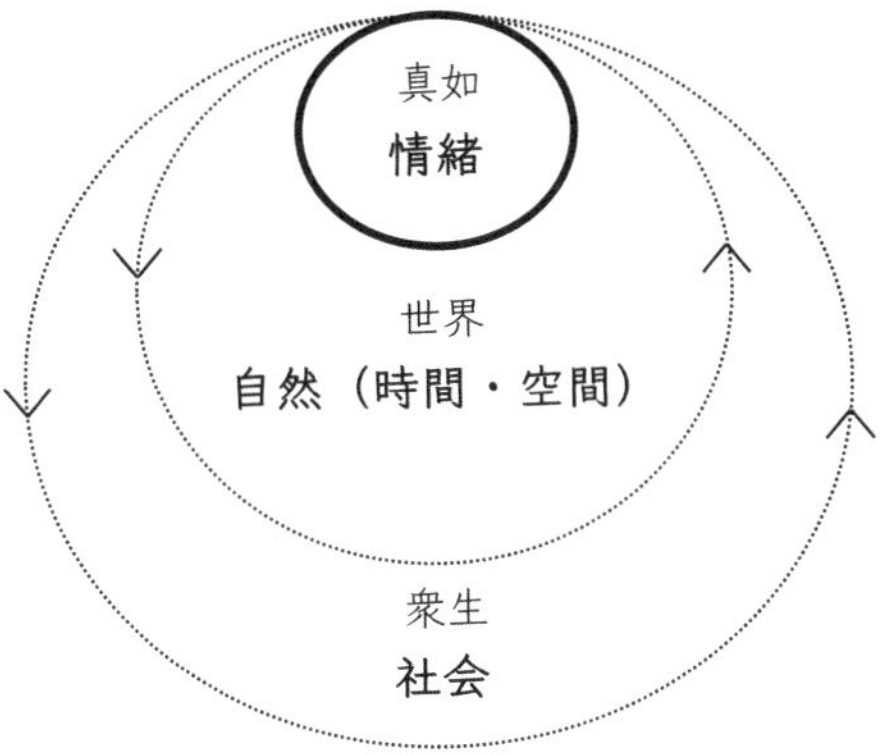

図4　真如（情緒）―世界（自然）―衆生（社会）

の自然という被膜でおおい、五つの社会という被膜でおおうのです。（本書第一章）

岡潔は、これに関連して「真如一転して世界となり、再転して衆生となる」（本書第一章）という仏教の言葉を紹介しています。真如たる「情緒」は、自然という時間・空間に覆われ、さらに衆生すなわち人間社会の規則などに覆われても、それは、真如である限り決して消えることはありません（図4）。

自然や社会は、この人の中核たる「情緒」を守る皮膜――しかし、時にその行き来を妨げる「壁」にもなります――としてあります。ですから、人が単にこの被膜を取り払うことが重要なのではありません。そうではなく、すべての中核が「情緒」であることの自覚と、その被膜がうまく浸透性をもつような状態を作り上げることが肝要なのだと思います。

この「童心の季節」や「自我発現の季節」「情緒の目覚めの季節」という移りゆく「季節」において、私たち大人ができることは何でしょうか。岡潔の言説を鑑みると、次のようなことだと思われます。

（1）純粋童心がどういう型を用意したか、特徴と思われるものを書き記す（本書第一章）。

これまでの議論でも明らかなように、純粋童心の特徴は端的に「微笑」によって表出されます。そして、私たちがすべきは「情緒」がどのような雰囲気のもと生じるのかを知ることです。また、そのための記録が必要だと、岡潔は言います。そこで、私が提唱したいのは、その特徴としての「情緒」の発露＝「微笑」を見逃さないということです。この「微笑」を「第二の心」が全面的に駆動し表出したものだと考えるならば、その際の雰囲気を知る十分な手がかりとなり得ると思うのです。

（2）憎しみ、妬み、残忍性を抑止させるようなしつけを行う（本書第二章）。

このようなしつけ――いわば「作法」の身体化（当然それは体罰のようなものは含みません）――は、前頭葉のブレーキ機能を養うということでもあります。そしてこれを「理解」するのは、「第一の心」あるいは前頭葉です。岡潔は、例えば、おとぎ話や日本神話などから、その感覚や純朴な美意識を味わうことができると述べています。

「おとぎ花籠」の中の、「魔法の森」という物語からは、「なつかしさ」という情操を教えられ体取し、また「琴の由来」からは、なぜ憎しみがいけないのか、という疑問を植えつけられました。（中略）「日本少年」では、「ひわの行方」というお話から、かわいそうに、という感じを強くさせられました。（本書第二章）

岡潔は、日本神話以外にも度々おとぎ話にも触れています。それは、人々の間で長い間語り継がれてきたそれらには、人間としての中核すなわち「情緒」が詰まっていると考えたからでしょう。

当然、書物からこのような感覚や美意識を味わうだけでは不十分です。岡潔は、何よりも学童期に行うべきは、師弟の情という「心の通いあいのルート」（『曙』一九六九年）を重視することだと考えていました。彼は、これにまつわるほろ苦い思い出を語っています。要約すると以下のような内容です。

小学校の頃、とても可愛がってくれていた女の先生をみんなの後について一緒にいたずらをした。その先生は「坂本（当時、苗字は岡ではなく坂本でした）、お前もですか」と、涙をためて言った。（『曙』一九六九年ほかより要約）

岡潔は、「情緒」の教育の話の中で、このエピソードを何度か取り上げています。また、これを聞いた私たちは、何か胸を締め付けられる思いがするでしょう。どこか懐かしくなり、また物悲しさを漂わせる雰囲気に包まれる気がします。

岡潔は、この女の先生が自分を可愛がってくれていることをよく知っていました。二人は心が通じ合っていたわけです。しかし、ふとした瞬間に先生の愛情に反してしまった。そのとき彼は、申し訳なさとともに師弟間にある「心の通いあいのルート」を再認識しました。彼は、この先生の表情と言葉が、印象に残り生涯忘れられませんでした。それは先生への同情というより深い共感に基づくものです。彼は、先生の心を自他対立的に「理解」するのではなく、自分がまさにその先生になることによって「体取」したと言えます。

「心の通いあいのルート」を通して師が弟子を可愛がり、それを弟子が十分に受け取り、その愛情に背かないようにする（背いてしまった場合にはそのときの「印象」を忘れないようにする）。「こういうふんいきのもとで情緒の調和はできあが」（本書第二章）っていくのでしょう。

記憶重視の教育のことを岡潔は、側頭葉教育と呼んでいます。勿論、学童期に語句や九九などを暗記することは重要ですが、それらを重視するあまり「第二の心」を忘却してはならないのです。彼は、側頭葉を知覚・記憶・機械的判断を司るものだと捉えていました。また、側頭葉と前頭葉との連絡不足による衝動的判断が憎しみや妬みを生むきっかけになると考えていました。そして、彼が最も重視したのは、前頭葉（第一の心）から側頭葉へ命令する回路だけではなく、頭頂葉（第二の心）が充分に発光し、その光が前頭葉（第一の心）を裏照らす関係（あり方）を強化しなければならないということでした。

6 最後に

教育において師は、弟子が何事かに「感銘」を受け「ほのぼのとおもしろく」（『曙』一九六九年）なるような——思わず「微笑」を浮かべるような——ヒントを「心の通いあいのルート」を通してどう与えるかが問われているのだと思われます。あるいは、「情緒」的経験をいかに与え、それを自覚させることができるかが問われているのだと思います。それは、少なくとも、師から弟子への一方通行的な詰め込み型の教育にはありませんし、単純な競争型の教育にもありません。勿論、教育において、丸暗記することが必要なときもあります。丸暗記するためには、十分に精神統一ができなければいけませんし、それが前頭葉をある意味において発育させることは間違いありません（本書第三章）。しかし、人間は単なる暗記機械ではなく「心」を持っています。だからこそ「心の通いあいのルート」という血肉の通った伝達経路が必要なのです。これが、人間が人間らしさを持つ所以でもあります。

「心の通いあいのルート」は、「第二の心」同士の道です。「第一の心」同士だけだと、「理解」のみに終わる可能性があります。それを深い共感の領域へとつなげるには、「第二の心」同士の開路が必要です。同時に「第一の心」と「第二の心」の間も十分に開路する必要があります。「第一の心」の肥大によって「第二の心」が見えなくなると、この「心の通い合いのルート」は閉じてしまいます。このルートを刹那的に開くだけではなく、継続的に開くこと。私は、この可能性とヒントが、〈ジャパニーズ・スマイル〉の錬成方法にもあると考えています。

真我的な日本的情緒は、十全な自我の抑制と情緒の発露——そのとき、「第二の心」同士が共鳴し合います——であり、その発露された状態を、「第一の心」によって捉え返すときに真に理解できるのです。

（秋田公立美術大学准教授／哲学者）

＊本稿は、本書の編者である中沢新一氏によって開催された「岡潔の教育論」研究会（二〇二二年十二月十日）で、筆者が発表した内容に加筆修正したものである。

参照・引用文献
岡潔『春宵十話』毎日新聞社、一九六三年（『岡潔集』第一巻、学習研究社、一九六九年再録）
岡潔『風蘭』講談社、一九六四年（『風蘭』KADOKAWA、二〇一六年再録）
岡潔『紫の火花』朝日新聞社、一九六四年（『岡潔集』第三巻、学習研究社、一九六九年再録）
岡潔『春風夏雨』毎日新聞社、一九六五年（『岡潔集』第二巻、学習研究社、一九六九年再録）
岡潔「日本の教育への提言」（北稜中学校での講演）一九六七年（『岡潔集』第五巻、学習研究社、一九六九年所収）
岡潔『一葉舟』読売新聞社、一九六八年（『岡潔集』第四巻、学習研究社、一九六九年再録）
岡潔「嬰児に学ぶ」（春雨村塾での講話）一九六九年（『情緒の教育』燈影社、二〇〇一年所収）
岡潔『曙』講談社、一九六九年
岡潔「学問する心と幼児の心」『幼児の教育』六八巻八号、日本幼稚園協会、一九六九年
岡潔『日本のこころ』講談社、一九七一年
岡潔「京都産業大学講義録」一九七一年（『情緒の教育』燈影社、二〇〇一年所収）
川上清文、高井清子、川上文人『ヒトはなぜほほえむのか』新曜社、二〇一二年
木村覚『笑いの哲学』講談社、二〇二〇年
小泉八雲「日本人の微笑」『アトランティック・マンスリー』（*The Atlantic Monthly*）、一八九三年（『小泉八雲集』上田和夫訳、新潮社、一九七五年所収）
総合仏教大辞典編集委員会『総合佛教大辞典』法蔵館、一九八八年

岡潔（おかきよし）

1901年生まれ。三高をへて、京都帝国大学理学部卒業。多変数解析函数の世界的権威者。理学博士。奈良女子大学名誉教授。学士院賞・朝日文化賞・文化勲章。仏教・文学にも造詣が深く、『春宵十話』『風蘭』『紫の火花』『月影』『日本民族の危機』などの随想も執筆。1978年没。晩年は教育に力を注いだ。

森本弘（もりもとひろむ）

1911年生まれ。和歌山県内の小・中学校の校長を経て、橋本市教育委員会教育長を務める。晩年の岡潔と親交が深く、岡から学んだ教育哲学を実際の現場で実践しつづけた。1988年没。

中沢新一（なかざわしんいち）

1950年生まれ。東京大学大学院人文科学研究科修士課程修了。京都大学特任教授、秋田公立美術大学客員教授。人類学者。著書に『増補改訂 アースダイバー』（桑原武夫賞）、『カイエ・ソバージュ』（小林秀雄賞）、『チベットのモーツァルト』（サントリー学芸賞）、『森のバロック』（読売文学賞）、『哲学の東北』（斎藤緑雨賞）など多数。

岡潔の教育論

2023年3月7日　第1刷発行

著　者　岡潔＋森本弘
編　者　中沢新一
発行者　後藤亨真
発行所　コトニ社
〒274-0824　千葉県船橋市前原東5-45-1-518
TEL：090-7518-8826
FAX：043-330-4933
https://www.kotonisha.com

印刷・製本　モリモト印刷
ブックデザイン　前田佳香
DTP　江尻智行

ISBN 978-4-910108-10-0